为生命而读

中学语文阅读教学的人本化探索

首都师范大学附属中学语文组　编

高中部分

首都师范大学出版社
CAPITAL NORMAL UNIVERSITY PRESS

图书在版编目(CIP)数据

为生命而读：中学语文阅读教学的人本化探索．高中部分/首都师范大学附属中学语文组编．—北京：首都师范大学出版社，2023.7

ISBN 978-7-5656-7612-3

Ⅰ．①为… Ⅱ．①首… Ⅲ．①阅读课－教学研究－高中 Ⅳ．①G633.332

中国国家版本馆 CIP 数据核字(2023)第 109804 号

WEI SHENGMING ER DU

为生命而读

——中学语文阅读教学的人本化探索(高中部分)

首都师范大学附属中学语文组 编

责任编辑 马 岩

首都师范大学出版社出版发行

地 址 北京西三环北路 105 号

邮 编 100048

电 话 68418523(总编室) 68982468(发行部)

网 址 http://cnupn.cnu.edu.cn

印 刷 北京印刷集团有限责任公司

经 销 全国新华书店

版 次 2023 年 7 月第 1 版

印 次 2023 年 7 月第 1 次印刷

开 本 710mm×1000mm 1/16

印 张 19.75

字 数 360 千

定 价 62.80 元(全二册)

为生命而读
编委会

追求生命丰盈的深度语文

——写在前面的话

伴随着基础教育课程改革的纵深发展，生命教育的地位日益凸显。

顾明远先生说："教育的本质就是生命教育。"生命教育以提升生命品质和价值为宗旨，为个体终身生命成长奠基。中学生正处于成长的关键阶段和人生道路确立期，他们不仅面临着升学考试、人际交往等压力，还常常被青春期心理状态不稳定、情绪容易有较大波动等问题困扰。在中学阶段开展生命教育，不仅可以起到一定的情绪疏导作用，更可以从生命观层面给予同学们积极的指引。2016年，《中国学生发展核心素养》研究成果把"珍爱生命"列为六大核心素养之一"健康生活"的重要内容。生命教育立足"生命"，是一种"全人教育"，包含了一个人由生至死的全部意义和过程，不仅与人的生存和生活具有密切的关联性，也与人的成长与发展具有密切的关联性，更与人的本性和价值息息相关。

我们所面对的每一位学子，都是不可替代的生命个体，也是国家未来的主人。建校110年，首师大附中始终将"人"的培养放在核心位置，一批批心怀教育理想的名师在此滋兰树蕙，奉献青春；一届届鸿鹄少年在此步武前贤，求真向善。新时期，在学校"守正、开放、创新"三大发展理念指导下，附中以开展负责任、有内涵、有温度的成达教育为己任。附中的教育不浮躁、不盲从、不功利，遵循教育规律和人才成长规律，培养健康阳光、自信坚毅、正志笃行、成德达才、家国担当、胸怀天下的创新人才。在"成达教育"理念的引领下，附中教师在教学实践中取得了丰硕的"学科育人"研究成果。

从2016年开始，附中语文组老师们将生命教育与语文学科相融合，带领学生从不同角度理解生命教育，同时充分利用一切教育资源和教育技术为学生提供灵活的、开放的学习环境，建设以育人为核心、以阅读为依托的语文"生命教育"课程。如今，他们将多年的教学积累与个性化的生命体悟熔为一炉，汇聚在《为生命而读》这本贯通初高中语文名著阅读学习的书籍中。本书的出版，可视为是我校语文组老师们面向社会所做的一次关于生命教育的分享与交流，交流的对象有学生、家长，也有教育工作者，阅读书籍的过程既是与创作者的对话，也是一场个性化的生命之旅，相信每一位读者都会"深"受启发。

本书在内容选择上大有"深"意。

《为生命而读》一书在内容选择上对标新课标与新高考。"初中部分"兼顾中国优秀传统文化、革命文化和外国优秀文化。初中阶段生命教育课程的开展应注重开放性与时代性，作为全球化时代的中国学子，他们在阅读与学习中可以汲取众长，聚焦时代问题，关注人类整体心灵的健全发展。"高中部分"聚焦于《红楼梦》这一反映中国古代社会百态的史诗性著作。"天生万物""天人合德"，中国学生的生命教育最终要从中国优秀传统文化中找到自己的根与魂，发出生命教育的中国声音。

本书在生命观的传达上静水"深"流。

学生对于"生命"的认知不是一蹴而就的事情，而是随着身心发展的规律循序渐进、日臻深入，再加上中华传统文化博大精深、源远流长，也需要静水流深式的精研、慎教、慢养。本书贯穿初高中六年各学段，学生学习具有系统性和完整性，初中部分和高中部分皆从"人与自然""人与社会""人与自我"三个维度解析生命本质，实现从知识到方法再到观念的逐级提升。

本书采用"深度学习"的教学方式。

为了实现更好的学习效果，语文组老师们与学生在文本中细细品咂，用深度学习的方法化云端文本为润物甘霖。在教师引领下，学生围绕着具有挑战性的学习主题，全身心积极参与、体验成功、获得发展，学习过程本身即是富有意义的。在语文生命教育阅读课堂上，学生们不是被动接受，而是全程参与式学习、浸润式体验，从阅读输入到写作输出，从书本理解到自我省察，他们收获的不是一条条刻板的结论，而是自己对生命的独到感悟。

本书对人生的影响可以至"深"。

这是一本可以与学生成长相伴相随、常读常新的书。这里不仅有经典名著中关于生命的无穷智慧，也有我校语文组老师们和他们的学生留下的许多有"温度"、有"刻度"的生命思考。从名著阅读出发，与一群人一道认识生命、理解生命、敬畏生命、思考生命的意义，并力求在现实生活中创造自我生命的独特价值，这是何其美好的体验，这是何其长远的惠泽！

作为校长，我要向本书的出版致以衷心的祝贺！祝愿老师们在后续的教育教学中，初心不改，勇攀高峰，成为学生生命成长的守护者和指引者！在国家课程改革走向深入的当下，祝愿每一位语文人都倾心打造出属于自己教育教学的新天地，进而达到我国语文教育教学的新境界！

首师大附中校长　沈　杰

2023.6 于首师大附中

编 写 说 明

《为生命而读——中学语文阅读教学的人本化探索》(高中部分)围绕高中语文必读书目《红楼梦》开展主题性阅读指导与分享，分为“人与自然篇——生命的律动”“人与社会篇——生命的自处”“人与自我篇——生命的觉知”三大篇章，为老师和同学们进入厚重的“红楼”世界提供了一条较为完整的“生命教育”路径。

第一篇为“人与自然篇——生命的律动”，该篇下辖“我与天地同频”“我与万物相应”两小节。戚东华老师引领同学们以岁时节令为主线，进入红楼人物的生活世界，了解他们如何在自然的节律中安顿身心。夏飞老师携手同学们解读红楼诗词，瞻自然万物之纷繁，品红楼女儿之多姿。

第二篇为“人与社会篇——生命的自处”，该篇下辖“千古亲亲之爱”“一世名利纷纭”两小节。王闲老师带领同学们透析红楼人物与家人的相处之道，并梳理礼法与情感之间的复杂缠绕。武智老师则邀请同学们评点红楼人物对生存方式的选择，在出世与入世的行藏之间挖掘他们的人生坐标。

第三篇为“人与自我篇——生命的觉知”，该篇下辖“体认真实自我”“守护心灵之光”两小节。吴冰老师指引同学们辨识红楼人物自我认同的建立，其中有生命意识的觉醒，也不乏自我催眠与遮蔽。周明鉴老师会启发同学们探究红楼人物守护心灵的“真”经，突破利弊得失的衡量与算计，走向充盈、绚丽、深刻的自我。

以上对“高中部分”内容的介绍还仅限于其中的“红楼讲堂”这一板块。以“生命教育”为归旨的阅读离不开一场场由外向内的洗礼，即经由读书引起自我生命的思索与共振。遵循着“生命教育”的理路，六小节内部皆设有“红楼讲堂”“博雅讲堂”“当代之声”“笔落抒怀”四个板块。

“红楼讲堂”对《红楼梦》进行特定“生命”主题之下的精读细研；“博雅讲堂”将该主题从《红楼梦》一书扩展开来，辅以传统文化中相关作品的解读，丰富和深化对主题的理解；“当代之声”通过荐文的形式唤醒同学们的相关积累，引导同学们搭建“古人”与“今人”之间的联系，为进一步生发出自我的生命感悟做好铺垫；“笔落抒怀”以简省导语呼唤真情流露，供自由书写心中感怀。四个板块串联在一起，构建的是一条从“红楼”到自身，从阅读理解到书写表达的阶梯式通道，在穿行的过程中，教师与学生始终处于平等互动的关系之中，师生间真挚的交流与分享构建了“高中部分”自由、舒缓的肌理，问答言笑之间，是一个灵魂在唤醒另一个灵魂，“生命教育”得以在其中更好地实现。

目录 MULU

高中部分

人与自然篇——生命的律动

一、我与天地同频

二、我与万物相应

人与社会篇——生命的自处

一、千古亲亲之爱

二、一世名利纷纭

人与自我篇——生命的觉知

一、体认真实自我

二、守护心灵之光

人与自然篇

——生命的律动

一、我与天地同频

一时说似水流年，一时说度日如年，有说“年年岁岁花相似，岁岁年年人不同”，也说“人生代代无穷已，江月年年望相似”。日复一日，年复一年，我们在岁时年光里流转，我们流转得多姿多彩、多滋多味，甚至多愁善感。一年有十二个月，三月为一季；十二个月再分二十四节气，每月二气，月首为节气，月中为中气；月有小大之分，日有十二时辰；正月梅是月花，九月亦名菊月；元日饮屠苏，重阳宜登高；中秋团圆赏月，除夕祭祖守岁……我们在周期性的节俗里长养，接受约定俗成，激发生命感思，创造绚丽生活。岁时节俗是我们与自然和谐共生的智慧，在与天地的同频共振中，我们生生不息。

红楼讲堂

移步大观园，开启岁时旅

“开卷有益”，怎么读一本好书，怎么读好一本书，是我们在阅读经验中要好好总结的。苏轼晚年在给侄女婿王庠的一封信里介绍了自己行之有效的读书方法，我们可以称之为“专题读书法”：要想把一本好书读懂读透，应该精读多遍，“每次作一意求之”，有目标，有针对性，有兴趣地读，这虽不是速成的方法，但可凝神聚力，每次阅读都能乐在其中，待到“他日学成”，便可“八面受敌”，应对各种情况，也可称之“八面受敌”读书法。

日复一日，年复一年，从呱呱坠地到行走天地，我们在岁时年光里移步流转，时令节俗使我们的生活自带节奏，我们每一个人都在这个周期性的时空里长养，在这个不可逆的时间轴上，在往年今岁的相互关照里，会看到公众的约定俗成、个体生命的“过程性”成长、多个生命的交互与异同。

在岁时线上读《红楼梦》，在年光的节律中观生活日常，看生命样貌，感荣衰悲喜，在这部极具艺术性的百科全书式的心血之作里，我们悦读彼时的“大观”之园，润泽此时的时代生命。

大观园是红楼梦的核心舞台，让我们移步大观园，开启红楼岁时之旅。

(一)寻得岁时线，再入大观园

《红楼梦》是一部结构宏大、蕴含丰富的古典小说，关于它的主题思想，不一而足，作者在第一回中也说："都云作者痴，谁解其中味！"[①]作者在自己波澜起伏的人生中感受了悲喜得失，他浩瀚又敏感的深情期待谁来解悟呢？应该就是我们吧。有人悟得了朝荣暮衰、乐极悲生；有人悟得了至情如水、追寻诗意；有人悟得了人生如梦：一朝入得红楼梦，一生思梦难复醒……

你在反复的品读中，会渐明渐朗一条岁时线，尤其是在前八十回。这条岁时线好比一条通途，故事里的人物都要走过，都有自己的故事和情思，每一个因小说中人物而闪亮的日子你也会经过，相信在一次次的途经中，你会解得那属于自己的"其中味"。

在岁时节俗的时间轴上，在大观园众芳荟萃的空间里，风霜雨雪如期而至，日常生活周而复始，生老病死无法抗拒，喜怒哀乐无一缺席。你欣赏的因你不欣赏的而显得更加璀璨，你成长中的猝不及防也许因关照了其中某个人物的感思而不再迷惘，纷纷扰扰的时光中不少人物的生命态度也许会不期地散漫到我们的生命里。毕竟，我们也如宝玉、黛玉、宝钗一样年轻，也会如贾母、刘姥姥一样老去。

生命的河流，永不止息。

● 学生分享

大观园岁时线探微

明——

"三春"大观：

第一年：第十七回至五十三回

（荣国府归省庆元宵——宁国府除夕祭宗祠）

第二年：第五十三至六十九回

（荣国府元宵开夜宴——觉大限吞生金自逝）

第三年：第七十至八十回

（林黛玉重建桃花社——美香菱屈受贪夫棒）

---

① 本书中引用的《红楼梦》原文，皆出自人民文学出版社，2008年版。

细——

一、一月至四月

回目	时间、时令	记事
第十七、十八回	未知	贾政携贾宝玉与清客相公们入大观园题匾额；装修大观园；妙玉入栊翠庵
	更岁	
	正月初八至正月十四	太监为贾元春省亲开始出宫安排
	正月十五至正月十六	凌晨时，贾元春赴大观园省亲
第二十二回	正月二十一	薛宝钗十五岁生日；贾宝玉悟禅机
	正月二十二	贾政猜灯谜
第二十三回	二月二十二	众姐妹和贾宝玉搬进大观园
	三月中浣①	林黛玉第一次葬花；宝黛共读《西厢记》
第二十五回	三月下旬至四月下旬某时	赵姨娘和马道婆下咒，使得贾宝玉、王熙凤被“五鬼”“上身”，被跛足道士、癞头和尚使用通灵宝玉所救
	四月二十五	林黛玉“春困发幽情”与贾宝玉玩笑； 薛蟠请贾宝玉和清客相公们坐饮
第二十七回	四月二十六(当年芒种)②	薛宝钗戏蝶，金蝉脱壳； 林黛玉第二次葬花，与贾宝玉争吵

表注：①中浣，唐朝规定官吏们每十天休息一次，用于洗涤沐浴，分别在每月的上、中、下旬，休息的三天就分别叫作上浣、中浣、下浣。

②芒种，“有芒之谷类作物可种，过此即失效”。这个时节气温显著升高、雨量充沛、空气湿度大，适宜晚稻等谷类作物种植。农事耕种以“芒种”这一节气为界，过此之后种植成活率就越来越低。它是古代农耕文化对于节令的反映，有送花神、安苗、扑蝶的习俗，如明清类书《幼学琼林》中即有“二月扑蝶之会”。

二、五月

回目	时间、时令	记事
第二十九回	五月初一	荣国府众人去清虚观打醮
	五月初二	宝黛最激烈的一次争吵，贾宝玉摔玉
	五月初三①	给薛蟠庆生；宝黛和解；薛宝钗双敲(于第三十回)
	五月初四	贾宝玉与金钏儿戏语，王夫人赶金钏儿； 贾宝玉见龄官写字而发痴； 贾宝玉踢花袭人

续表

回目	时间、时令	记事
第三十一至三十四回	五月初五[2]	荣国府请薛家母女赏午（凡端午节吃午饭，饮雄黄酒，吃樱桃、桑葚等时鲜果品，以及赏石榴花等节日活动，统称赏午），坐一坐就散了； 晴雯撕扇
	五月初六	史湘云和翠缕讨论阴阳（第三十一回）； 金钏儿投井自杀；林黛玉明白贾宝玉厌恶仕途经济； 贾宝玉见贾雨村（第三十二回）； 王府的人要蒋玉函；贾政暴打贾宝玉（第三十三回）； 薛宝钗送药；林黛玉“你从此都改了罢”（第三十四回）
第三十四回	五月初七	王夫人问袭人关于贾宝玉的事情； 贾宝玉送帕，林黛玉题帕
第三十六回	五月上旬至七月上旬	王夫人分月钱给花袭人； 贾宝玉梦中呓语“木石前盟”； 贾宝玉向花袭人抱怨他眼中的“文死谏武死战”

表注：①五月初三，画龙舟点睛的日子。

②端午，集拜神祭祖、祈福辟邪、欢庆娱乐和饮食为一体的民俗大节。端午节源于自然天象崇拜，由上古时代古越族祭龙演变而来。端午是“飞龙在天”吉祥日，龙及龙舟文化始终贯穿在端午节的传承历史中。古人认为菖蒲、艾草有辟邪作用，端午阳气旺，且艾、菖长势茂盛，每年端午人们有在门上挂菖蒲、艾草，虎符系臂，饮雄黄酒等辟阴邪的习俗。同时，端午还是送瘟神的时节。

三、七月至年关

回目	时间、时令	记事
（透露于第四十二回）	七月初七[1]	巧姐儿的生日（可能是出生或一岁）
第三十七回	八月二十	贾政点了学政
	八月二十一或二十二	海棠社开社
第三十八回	八月二十三[2]	众姐妹和贾宝玉吃螃蟹、写菊花诗； 刘姥姥二进荣国府
第四十至四十一回，但时间透露于第四十二回	八月二十五	刘姥姥二进大观园；栊翠庵品茶

续表

回目	时间、时令	记事
第四十四回	九月初二	王熙凤、白金钏儿生日，王熙凤“泼醋”，鲍二媳妇吊死
第四十七回	九月十四	贾母等人去赖家花园游览
第四十五至四十七回	九月中下旬，秋分前后	薛宝钗和林黛玉促膝谈心；林黛玉写《秋窗风雨夕》；贾赦垂涎鸳鸯，惹出一场风波；薛蟠调戏柳湘莲被打，柳湘莲远走他乡
第四十八回	十月十四	薛蟠出门行商，香菱进大观园认林黛玉作师傅
	十月十五	香菱苦吟诗
第四十九回	十月十六	香菱写出好诗入社；亲戚们进大观园
第五十回	十月十七	芦雪庵联诗，栊翠庵寻梅
第五十一回	十月十八	袭人母亲病重，被接回家陪母亲；晴雯风寒
第五十二回	十月十九	平儿和麝月讲坠儿偷窃虾须镯
	十月二十	贾母赏赐贾宝玉雀金裘；晴雯骂坠儿，坠儿被赶走；晴雯病补雀金裘
第五十三回	腊月三十③	拜贾氏宗祠
	更岁	

表注：①七月初七，织女牛郎会七夕，是集赞美爱情、数字崇拜、生殖崇拜为一体的节日。

②八月二十三，传说是“以乳为目，以脐为口，操干戚以舞”的战神刑天的生辰。

③腊月三十，除夕，为岁末最后一天的夜晚。岁末的最后一天称为“岁除”，意为旧岁至此而除，另换新岁。除，即去除之意；夕，指夜晚。“除夕”是岁除之夜的意思，又称大年夜、除夕夜、除夜等，时值年尾的最后一个晚上。除夕是除旧布新、阖家团圆、祭祀祖先的日子，与清明节、中元节、重阳节是中国民间的传统祭祖大节。

四、一年又度

回目	时间、时令	记事
第五十三回	正月初一①	有诰封、爵位者进宫谢恩；贾元春生日
	正月十五	荣国府开夜宴；(一段时间后)王熙凤小产
第五十五至五十六回	正月、二月左右	贾探春、薛宝钗、李纨理事除宿弊；贾宝玉梦见甄宝玉；紫鹃试贾宝玉导致贾宝玉因情绪激动而中风(即“痰迷心窍”)；宫中一太妃死

续表

回目	时间、时令	记事
（透露于第六十二回）	二月十二[2]	林黛玉生日
第五十八回	清明[3]	藕官烧纸
第六十一回	春夏之交	平儿行权判茯苓霜之事
第六十三至六十六回	未知时间（夏天）	贾宝玉等人生日，行酒令（史湘云醉卧、香菱斗草），怡红院开夜宴；贾敬死；贾琏偷娶尤二姐；薛蟠和柳湘莲经商回来，柳湘莲嫌弃尤三姐而欲退婚；尤三姐自刎，柳湘莲出家
第六十八至六十九回	夏天至冬天	王熙凤讯小厮；王熙凤假情假意探望尤二姐；尤二姐进大观园；王熙凤借刀杀人；王熙凤大闹宁国府
（透露于第七十二回，应当发生在第六十九回的时间）	八月某日	尤二姐吞金自杀
第六十八至六十九回	腊月十二	（较长一段时间之前）贾琏收秋桐为妾；贾珍出门办事
	更岁	

表注：①正月初一，春节，即中国农历新年，俗称新春、新岁、岁旦等，口头上又称过年、过大年。春节历史悠久，由上古时代岁首祈岁祭祀演变而来。

②二月十二，中国民间有花朝之庆。花朝节是纪念百花的生日，简称花朝，俗称花神节、百花生日、花神生日，汉族传统节日，流行于华北、华东、中南等地，一般于农历二月初二、二月十二或二月十五举行。节日期间，人们结伴到郊外游览赏花，称为“踏青”。姑娘们剪五色彩纸粘在花枝上，称为“赏红”。

③清明者，气清景明，万物皆显，因此得名。清明是反映自然界物候变化的节气，这个时节阳光明媚、草木萌动、百花盛开，自然界呈现一派生机勃勃的景象，是人们扫墓祭祖、慎终追远的日子。习俗有扫墓、踏青、荡秋千、放风筝、植树、插柳等。

五、岁时如风

回目	时间、时令	记事
第七十回	三月初一[1]	林黛玉写《桃花行》
	三月初二—初三	桃花社开社；贾探春过生日
第七十一回	七月二十八左右	金鸳鸯遇见王司棋与潘又安私会
	八月初三[2]	贾母八十大寿

续表

回目	时间、时令	记事
第七十四回	八月十一[3]	抄检大观园
	八月十二	贾惜春赶入画
	八月十三	贾珍和邢德全等人划拳滥饮
第七十五回	八月十五[4]	凸碧山庄会宴，凹晶馆林黛玉和史湘云联诗
	八月十六	妙玉补全林、史所联之诗
第七十七至七十九回	未知时间	晴雯患结核病(女儿痨)而死，贾宝玉作《芙蓉女儿诔》以吊唁； 贾迎春出嫁； 薛蟠娶正室

表注：①三月初一，双蝶节。在江苏宜兴，相传自祝英台“祭坟化蝶”之后，每年早春三月桃李开花放香之时，在祝英台和梁山伯读书的善卷洞碧鲜庵附近，就会看到一对对彩色大蝴蝶翩翩起舞穿花栖草，追逐嬉戏，形影不离。宋人薛季宣《游祝陵善权洞》诗就有“蝶舞凝山魄，花开想玉颜”句，人们认为这彩蝶就是梁山伯和祝英台的精魂所幻化。当地民众为纪念他们因为争取婚姻自由而献出生命的事迹，把传说是祝英台生日的农历三月初一定为“双蝶节”。

②八月初三，九天司命灶君(“灶王爷”)生日；北斗星君生日；禅宗六祖慧能诞辰(民间称“南华诞”)。

③八月十一，民间的打枣之日。

④八月十五，中秋节。中秋节起源于上古时代，源自对天象的崇拜，由秋夕祭月演变而来。原本定在每年秋分，汉代之后才改为八月十五日。中秋节有祭月、赏月、颂月、赏桂、吃月饼等活动。中秋节以月之圆兆人之团圆，阖家共聚一堂，寄托思乡念亲之情，祈盼丰收与幸福。

(2019级　谭　笑整理)

◆ 教师解读

《红楼梦》第一回说故事中写了几个异样女子，“大旨谈情”并“实录其事”，这些闺阁女子并贾宝玉活动的舞台主要是大观园，直到第二十三回，这些少男少女们才正式进入大观园，大观园也成为他们成长的理想之国、青春之园。从岁时线上看《红楼梦》，你会看到只属于大观园的节日：三月节、芒种节、五月节、九月节等，青春的样貌在岁时节俗里依次演绎。纵然这座园子是人为修造，终归荒芜，但园子里人们春游冬赏的步履、对一花一草的慨叹，尽显生命的真实与挚诚。

学者杨树彬曾说曹雪芹“因人写节，因情生文，达到了情文并茂的境界。他在描写节日风俗时十分注意人的性格及当时的心境，从不孤立地铺写节日物候”。比如坚信木石前盟的林黛玉，她的思想直通自然，四时多感，是诗意的栖居。比如随分从时的薛宝钗，春光融融里穿花度柳扑玉蝶，是少女被自然激发出的真性情。还有多情公子宝玉，对大观园外人情世故的节俗敷衍应对，而对园子里的节俗充满热情。姑娘们即景联诗，丫头们言花斗草，亦各得其乐；精美吃食，四时衣裳，节下用具，实在丰富多彩。

人生多可喜，亦多可悲。元宵灯谜谶语，巧姐儿以巧制巧，乐中含悲，忧中有安，是岁月里的生命状态，也是生活里长养出的人生智慧。

（二）岁时节俗中的生命样貌

贾元春省亲之后，让宝玉和众姐妹进入大观园生活，二月二十二，众人一齐住进去，岁时节俗算是真正进驻了园子。岁时年光激发出生活的雅兴：结诗社、即景联诗，春日结游簪花，冬日赏雪品梅……节气时俗变换着生活的场景：芒种祭饯花神，端午插蒲簪门，正月赏灯制谜……还有节气带来的烦忧，比如黛玉春分秋分必犯的嗽疾，春季令湘云两腮作痒的杏癍癣……

大观园里，春夏秋冬，长养着各样的青春，姑娘们咏物赋诗，丫头们群聚斗草……一样与自然同频共振，共情共鸣。贾母、王夫人等也常因节气入园，一起游玩赏乐，其乐融融。

第五十八回　杏子阴假凤泣虚凰　茜纱窗真情揆痴理（节选）

可巧这日乃是清明之日，贾琏已备下年例祭祀，带领贾环、贾琮、贾兰三人去往铁槛寺祭柩烧纸。宁府贾蓉也同族中几人各办祭祀前往。因宝玉未大愈，故不曾去得。饭后发倦，袭人因说："天气甚好，你且出去逛逛，省得丢下粥碗就睡，存在心里。"宝玉听说，只得拄了一支杖，靸着鞋，步出院外。

因近日将园中分与众婆子料理，各司各业，皆在忙时，也有修竹的，也有刨树的，也有栽花的，也有种豆的，池中又有驾娘们行着船夹泥种藕。香菱、湘云、宝琴与丫鬟等都坐在山石上，瞧他们取乐……

……忽见一股火光从山石那边发出，将雀儿惊飞。宝玉吃一大惊，又听那边有人喊道："藕官，你要死，怎弄些纸钱进来烧？我回去回奶奶们去，仔细你的肉！"宝玉听了，益发疑惑起来，忙转过山石看时，只见藕官满面泪痕，蹲在那里，手里还拿着火，守着些纸钱灰作悲。宝玉忙问道："你与谁烧纸钱？快不要在这里烧。你或是为父母兄弟，你告诉我姓名，外头去叫小厮们打了包袱写上名姓去烧。"……

……宝玉道："以后断不可烧纸钱。这纸钱原是后人异端，不是孔子的遗训。以后逢时按节，只备一个炉，到日随便焚香，一心诚虔，就可感格了。愚人原不知，无论神佛死人，必要分出等例，各式各例的。殊不知只一'诚心'二字为主。

即值仓皇流离之日，虽连香亦无，随便有土有草，只以洁净，便可为祭，不独死者享祭，便是神鬼也来享的。你瞧瞧我那案上，只设一炉，不论日期，时常焚香。他们皆不知原故，我心里却各有所因。随便有清茶便供一钟茶，有新水就供一盏水，或有鲜花，或有鲜果，甚至荤羹腥菜，只要心诚意洁，便是佛也都可来享，所以说，只在敬不在虚名。以后快命他不可再烧纸。”

第六十四回　幽淑女悲题五美吟　浪荡子情遗九龙佩(节选)

将过了沁芳桥，只见雪雁领着两个老婆子，手中都拿着菱藕瓜果之类。宝玉忙问雪雁道：“你们姑娘从来不吃这些凉东西的，拿这些瓜果何用？不是要请那位姑娘奶奶么？”雪雁笑道：“我告诉你，可不许你对姑娘说去。”宝玉点头应允。雪雁便命两个婆子：“先将瓜果送去交与紫鹃姐姐。他要问我，你就说我做什么呢，就来。”那婆子答应着去了。雪雁方说道：“我们姑娘这两日方觉身上好些了。今日饭后，三姑娘来会着要瞧二奶奶去，姑娘也没去。又不知想起了甚么来，自己伤感了一回，提笔写了好些，不知是诗是词。叫我传瓜果去时，又听叫紫鹃将屋内摆着的小琴桌上的陈设搬下来，将桌子挪在外间当地，又叫将那龙文鼒放在桌上，等瓜果来时听用。若说是请人呢，不犯先忙着把个炉摆出来。若说点香呢，我们姑娘素日屋内除摆新鲜花果木瓜之类，又不大喜熏衣服；就是点香，亦当点在常坐卧之处。难道是老婆子们把屋子熏臭了要拿香熏熏不成。究竟连我也不知何故。”说毕，便连忙的去了。

宝玉这里不由的低头心内细想道：“据雪雁说来，必有原故。若是同那一位姊妹们闲坐，亦不必如此先设馔具。或者是姑爹姑妈的忌辰，但我记得每年到此日期老太太都吩咐另外整理肴馔送去与林妹妹私祭，此时已过。大约必是七月因为瓜果之节，家家都上秋祭的坟，林妹妹有感于心，所以在私室自己奠祭，取《礼记》：‘春秋荐其时食’之意，也未可定。但我此刻走去，见他伤感，必极力劝解，又怕他烦恼郁结于心；若不去，又恐他过于伤感，无人劝止。两件皆足致疾。莫若先到凤姐姐处一看，在彼稍坐即回。如若见林妹妹伤感，再设法开解，既不至使其过悲，哀痛稍申，亦不至抑郁致病。”想毕，遂出了园门，一径到凤姐处来。

……别了凤姐，一直往园中走来。

进了潇湘馆院门看时，只见炉袅残烟，奠余玉醴。紫鹃正看着人往里搬桌子，收陈设呢。宝玉便知已经祭完了，走入屋内，只见黛玉面向里歪着，病体恹恹，大有不胜之态。紫鹃连忙说道：“宝二爷来了。”黛玉方慢慢的起来，含笑让坐。宝玉道：“妹妹这两天可大好些了？气色倒觉静些，只是为何又伤心了？”黛玉道："可是你没的说了，好好的我多早晚又伤心了？"宝玉笑道："妹妹脸上现有泪痕，如何还哄我呢。只是我想妹妹素日本来多病，凡事当各自宽解，不可过作无益之悲。若作践坏了身子，使我……"说到这里，觉得以下的话有些难说，连忙咽住。只因他虽说和黛玉一处长大，情投意合，又愿同生死，却只是心中领会，从来未曾当面说出。况兼黛玉心多，每每说话造次，得罪了他。今日原为的是来劝解，不想把话又说造次了，接不下去，心中一急，又怕黛玉恼他。又想一想自己的心实在的是为好，因而转急为悲，早已滚下泪来。黛玉起先原恼宝玉说话不论轻重，如今见此光景，心有所感，本来素昔爱哭，此时亦不免无言对泣。

◆ **学生解读**

我在第五十八回中看到了贾府里清明节祭祖的习俗，要办祭礼，烧纸，众男丁要参加，宝玉因为身体未大愈没有参加。看到了园子里春天忙碌的景象，栽花的、种豆的、种藕的、修竹的、修枝丫的，等等，一片欣欣向荣。烧纸钱的藕官惊到了宝玉，宝玉先是让她不要在园子里烧纸，后又嘱咐她祭奠逝者最重要的是"心诚意洁""只在敬不在虚名"。不在园子里烧纸有树木花草多的原因，但更多的应该是宝玉对祭拜逝者的态度，那就是哀戚、诚敬。正如《论语·子张》所说："祭思敬，丧思哀，其可已矣"，还有《论语·八佾》中的"丧，与其易也，宁戚"，仪式虽可有，但发自心底的敬重更重要。

在第六十四回中我看到了七月秋祭的节俗："七月因为瓜果之节，家家上秋祭的坟"。也许是这样的秋季时俗激发了黛玉陈瓜果、燃香祭拜的仪式感，背后的悲戚应是对古代五位美女身世命运的感慨。黛玉燃香赋诗、诚敬以祭，其内里与宝玉合契同情，当真是知己。

◆ **教师解读**

"清明"是传统节日中唯一一个同节气合一的节日，取气清景明之意。清明节气，气温升高，北方水少，南方多雨，天清气明，万物生长。农谚有"清明前后，种瓜点豆""油菜开花，小麦拔节"，田地里开始了春耕春种。天气回暖，生机勃勃，适宜踏青，以亲近自然。所以我们看到了大观园里的一片忙碌，看到了姑娘们在园子里的游观之乐。

杜牧的《清明》有"清明时节雨纷纷，路上行人欲断魂"之句，清明节也是祭祀祖先、追念逝者的日子，所以有贾府的祭祖、藕官的烧纸。

秋天，瓜果成熟，无论是瓜果祭拜还是乞巧等习俗都是十分盛大的。岁时节俗令林黛玉"有感于心"，焚香赋诗以遣怀。黛玉的诗香之祭是自我倾诉，独自感伤。

"心诚意洁"是宝玉和黛玉对祭拜的共同态度，承天地清明，赴心意真纯，仪式有为宜，感思诚尤重。直至“有土有草，只以洁净，便可为祭”，不必惊天动地，无须惊扰他人，用宝玉的话就是“凡事当各自宽解，不可过作无益之悲”。

现代社会，很可能在某个清明或七月你不能亲自赶赴，宝玉所说的“有土有草”你也做不到，那么还能拥有超越时空“心诚意洁”的祭奠吗？有人说可以“网祭”，手动点亮虚拟的蜡烛，汇天下之悲为一处，借助网络隔空呈现充塞天地的诚敬与忧伤。你是不是也这么想，或者已经这么做了呢？

(三)时令流转中的荣衰悲喜

元宵节，元春省亲所赐的节礼，宝玉、宝钗、黛玉是相同的。端午节，元春所赐的节礼，宝玉同宝钗的一样，黛玉同迎春、探春、惜春的一样，平添了黛玉的烦忧。《红楼梦》借助岁时节令完成了情节的推进。

第二十六回写黛玉去怡红院看宝玉，遭遇闭门羹而独自悲泣；紧跟着，第二十七回写芒种节，女孩子们依风俗热热闹闹饯别花神。行文结构的安排上，以节俗时的欢乐忙碌节制了黛玉的个人悲伤。

第二十二回　听曲文宝玉悟禅机　制灯谜贾政悲谶语(节选)

贾母见元春这般有兴，自己越发喜乐，便命速作一架小巧精致围屏灯来，设于堂屋，命他姊妹们各自暗暗的作了，写出来粘于屏上，然后预备下香茶细果以及各色玩物，为猜着之贺。贾政朝罢，见贾母高兴，况在节间，晚上也来承欢取乐。设了酒果，备了玩物，上房悬了彩灯，请贾母赏灯取乐。上面贾母、贾政、宝玉一席，下面王夫人、宝钗、黛玉、湘云又一席，迎、探、惜三个又一席。地下婆娘丫鬟站满。李宫裁、王熙凤二人在里间又一席。……贾母命他在身旁坐了，抓果品与他吃。大家说笑取乐。

……宝玉执壶，迎春送酒。贾母因说：“你瞧瞧那屏上，都是他姊妹们做的(春灯雅谜)，再猜一猜我听。”

贾政答应，起身走至屏前，只见头一个写道是：

能使妖魔胆尽摧，身如束帛气如雷。
一声震得人方恐，回首相看已化灰。

贾政道：“这是炮竹嗄。”宝玉答道：“是。”贾政又看道：

天运人功理不穷，有功无运也难逢。
因何镇日纷纷乱，只为阴阳数不同。

贾政道：“是算盘。”迎春笑道：“是。”又往下看是：

阶下儿童仰面时，清明妆点最堪宜。
游丝一断浑无力，莫向东风怨别离。

贾政道："这是风筝。"探春笑道："是。"又看道是：

前身色相总无成，不听菱歌听佛经。

莫道此生沉黑海，性中自有大光明。

贾政道："这是佛前海灯嘎。"惜春笑答道："是海灯。"

贾政心内沉思道："娘娘所作爆竹，此乃一响而散之物。迎春所作算盘，是打动乱如麻。探春所作风筝，乃飘飘浮荡之物。惜春所作海灯，一发清净孤独。今乃上元佳节，如何皆作此不祥之物为戏耶?"心内愈思愈闷，因在贾母之前，不敢形于色，只得仍勉强往下看去。只见后面写着七言律诗一首，却是宝钗所作，随念道：

朝罢谁携两袖烟？琴边衾里总无缘。

晓筹不用鸡人报，五夜无烦侍女添。

焦首朝朝还暮暮，煎心日日复年年。

光阴荏苒须当惜，风雨阴晴任变迁。

贾政看完，心内自忖道："此物还倒有限。只是小小之人作此词句，更觉不祥，皆非永远福寿之辈。"想到此处，愈觉烦闷，大有悲戚之状，因而将适才的精神减去十分之八九，只垂头沉思。

◆ **学生解读**

生 1：元宵佳节，贾母高兴，设春灯雅谜，与大家赏乐。但贾政心里却乐不起来，感到烦闷悲戚，因为从围屏灯贴的诸多灯谜上，他看到的不是吉瑞，而是不祥，贾政心叹怎能把不祥之物拿来娱乐。其实这是在借佳节预示人物的悲剧命运，在极乐中蕴含着极悲，此时的欢愉亦是彼时的悲伤。我想，正是经历了这些，在那个乍寒下雪天，当宝玉光头赤脚和他拜别，他叹说出"我早知不祥之兆"，也就不奇怪了。

我奇怪的是：贾母难道没有意识到吗？贾政走后，她还说让众人自在乐一乐。也许她真正关心的是当下的天伦之乐，是纯粹的节日之乐，她是经历人间寒暑，真正会生活的人。贾母身上有超越时间的从容，所以当鸳鸯把她的财物"偷着"借当给贾琏，她"只装不知道"。

生 2：正月节，从节俗来看，人们一般应当欣然，但从人物的命运来看，喜的背后潜伏着悲。从生命个体来看，在喜时也应该看到悲，尤其是对于经历岁月冷暖的曹雪芹而言，乐极生悲是人生一味，悲中含乐也是人生一味，喜乐伤悲相互节制，就是人生况味。乐中寓悲，是伏脉千里的写作手段，更是可看荣衰悲喜的生命格局。学者的解味之言，颇入我心："第四十三回也是如此。上半段写贾母为凤姐操办生日，阖府上下好不热闹，下半篇却写宝玉因这天是金钏儿的忌日，便赶着去祭奠，撮土为香拜祭，同一章节，一个庆生，一个祭亡，你道巧也不巧？而在第六十三回，这里正‘开夜宴’寻欢作乐，酒酣耳热，醉作一团，那里却忽见几个丫头惊慌跑来，一路大呼小叫：‘老爷宾天了。’于是乎，喜宴顿时变成了丧席……荣中寓衰，福里藏祸，欢喜开篇，哀伤收场，喜必转悲，悲喜交织，这正是《红楼梦》叙事的一个突出特点，而作者所谓其中之‘味’，也就寓于这样的结构之中了。此等笔法，正如王船山在他的《姜斋诗话》中所说：‘以乐景写哀，以哀景写乐，一倍增其哀乐。’可见，解得这个‘其中之味’，便是参透了作者的良苦用心。”①

(四)纷纭五月里的心意难平

在宝玉十三岁的那个五月里，接连发生了不少事情：元妃赏的端午节礼宝玉和宝钗的一样，黛玉和迎春、探春、惜春的一样，令宝玉纳罕，令黛玉担忧，宝钗心里也“越发没意思起来”；宝玉、黛玉拌嘴，相互赌气，一个摔玉砸玉，一个伤心剪穗、大哭大吐；宝玉言宝钗堪比丰腴怕热的杨贵妃，惹得宝钗心怒斥婢女；金钏儿午歇和宝玉戏语，遭王夫人打骂驱撵，含羞忍辱投井而死；宝玉蔷薇架下痴看画“蔷”遇骤雨；袭人雨中迟开院门被踢吐鲜血，还有晴雯笑撕扇，湘云论阴阳，宝玉遭笞挞……

【讨论任务】

提及五月或五月节的回目自《第二十九回　享福人福深还祷福　痴情女情重愈斟情》直到《第三十五回　白玉钏亲尝莲叶羹　黄金莺巧结梅花络》，从王熙凤置办端阳节礼、采买香料药饵，到林黛玉五月天潇湘馆自叹命薄，作者何以让暑气渐升的五月看上去如此漫长又纷纭？

● 学生分享

生1：我觉得五月在《红楼梦》里不仅是个节俗，还是一段充满青春味道的日子。

我们学校每年五月都举办歌唱节，我们把五月或忙碌歌唱节的日子叫“红五月”，这已经成为传统活动，而且颇有仪式感，我们每年都很期待。当然，农历的五月相当于阳历的六七月，可以说是万物蓬勃生长又充满躁动的时候。就比如四大传统节日的端午节，又叫端阳节、天中节，“端”的意思是“正”，“午”的意思是“中”，我的理解就是最青春。《红楼梦》里的五月，充满青春的热情、烦躁与惆

---

① 李汉君：《〈红楼梦〉研究还应以文学为本》，《中国文学》，2022年第1期，第57页。

怅，但他们都在努力生长。林黛玉为“木石”之盟期许，因“金玉”之缘苦恼；宝玉心里反反复复对黛玉说“我的心里眼里只有你”，因不被黛玉理解而摔玉砸玉，这是青春的烦恼；宝钗前有芒种扑玉蝶，后有借扇机带双敲，都是青春少女的真情流露。龄官蔷薇架下画“蔷”，情比黛玉；俏晴雯端阳节里撕扇，神如怡红公子。

五月纷纭，因为最青春。

生 2：以端午节为核心节日的五月充满了悲剧色彩，暗示了人物的悲剧命运，甚至彰显悲剧。

王熙凤为端午节买香料药饵是为了驱毒虫、防疫病、禳灾祸。五月天气渐热，害虫萌生，古代把这个月视为毒月，尤其把五月五日视为恶日，甚至出生于这一天的人都是不吉利的。对付毒月的办法是以药饵驱毒虫，沐浴防疫病，饮酒解诸毒，佩饰物以避毒，等等。所以有元春赐节礼，继而金玉良缘露端倪，烦扰了黛玉；晴雯撕扇逞张狂伏脉了被赶出大观园；金钏儿之死，袭人被踢吐血，宝玉挨打，我咀嚼到了如艾草的苦味，是酷暑的错？是公子的失度？一桩桩一件件，多有可悲。

贾母端午节带众人赏午，蒲艾簪门，虎符系臂，饮雄黄酒，食果品，赏鲜花，是在内涵被不断丰富的世俗节日里，珍视生命，生生不息。而走向它不断叠加的内里，则是故事中一些人伏脉千里的悲情滥觞。

第三十一回　撕扇子作千金一笑　因麒麟伏白首双星（节选）

晴雯笑道：“我慌张的很，连扇子还跌折了，那里还配打发吃果子。倘或再打破了盘子，还更了不得呢。”宝玉笑道：“你爱打就打，这些东西原不过是借人所用，你爱这样，我爱那样，各自性情不同。比如那扇子原是扇的，你要撕着玩也可以使得，只是不可生气时拿他出气。就如杯盘，原是盛东西的，你喜听那一声响，就故意的碎了也可以使得，只是别在生气时拿他出气。这就是爱物了。”晴雯听了，笑道：“既这么说，你就拿了扇子来我撕。我最喜欢撕的。”宝玉听了，便笑着递与他。晴雯果然接过来，嗤的一声，撕了两半，接着嗤嗤又听几声。宝玉在旁笑着说：“响的好，再撕响些！”

正说着，只见麝月走过来，笑道：“少作些孽罢。”宝玉赶上来，一把将他手里的扇子也夺了递与晴雯。晴雯接了，也撕了几半子，二人都大笑。麝月道：“这是怎么说，拿我的东西开心儿？”宝玉笑道：“打开扇子匣子你拣去，什么好东西！”麝月道：“既这么说，就把匣子搬了出来，让他尽力的撕，岂不好？”宝玉笑道：“你就搬去。”麝月道：“我可不造这孽。他也没折了手，叫他自己搬去。”晴雯笑着，倚在床上说道：“我也乏了，明儿再撕罢。”宝玉笑道：“古人云，‘千金难买一笑’，几把扇子能值几何!”一面说着，一面叫袭人。袭人才换了衣服走出来，小丫头佳蕙过来拾去破扇，大家乘凉，不消细说。

……

湘云听了，由不得一笑，说道：“……天地间都赋阴阳二气所生，或正或邪，或奇或怪，千变万化，都是阴阳顺逆多少。一生出来，人罕见的就奇，究竟理还是一样。”翠缕道：“这么说起来，从古至今，开天辟地，都是阴阳了?”湘云笑道：“糊涂东西，越说越放屁。什么‘都是些阴阳’，难道还有两个阴阳不成！‘阴’‘阳’两个字还只是一字，阳尽了就成阴，阴尽了就成阳，不是阴尽了又有个阳生出来，阳尽了又有个阴生出来。”翠缕道：“这糊涂死了我！什么是个阴阳，没影没形的。我只问姑娘，这阴阳是怎么个样儿?”湘云道：“阴阳可有什么样儿，不过是个气，器物赋了成形。比如天是阳，地就是阴；水是阴，火就是阳；日是阳，月就是阴。”

翠缕听了，笑道：“是了，是了，我今儿可明白了。怪道人都管着日头叫‘太阳’呢，算命的管着月亮叫什么‘太阴星’，就是这个理了。”湘云笑道：“阿弥陀佛！刚刚的明白了。”翠缕道：“这些大东西有阴阳也罢了，难道那些蚊子、虼蚤、蠓虫儿、花儿、草儿、瓦片儿、砖头儿也有阴阳不成?”湘云道：“怎么有没阴阳的呢？比如那一个树叶儿还分阴阳呢，那边向上朝阳的便是阳，这边背阴覆下的便是阴。”翠缕听了，点头笑道：“原来这样，我可明白了。只是咱们这手里的扇子，怎么是阳，怎么是阴呢?”湘云道：“这边正面就为阳，那边反面就为阴。”

◆ 学生解读

五月里小扇儿的软实力不容小觑。五月的暑天里，不可小看那随手携带、精美小巧的扇子：晴雯撕扇显任性；湘云、翠缕借扇论阴阳；袭人送扇听惊语；宝玉夺扇而抛露真情；王夫人凉榻摇扇尽显慈母心。五月暑气渐盛，心生烦热，也让青春躁动不安，情绪变动不稳，皆可用一把把小扇“拎得清”，可谓巧设智取。小扇微风，关乎过往人事幽情，系联未来运势深意。

（2016 级　刘靖怡）

博雅讲堂

生生不息：年光流转、荣衰消长里的岁时启迪

还记得那首歌谣吗？——“春雨惊春清谷天，夏满芒夏暑相连。秋处露秋寒

霜降，冬雪雪冬小大寒……”二十四节气是流转的时间节律，是中华民族与天地同频共振的生命智慧。新春贴对联，元宵赏花灯，清明祭先祖，端午划龙舟，中秋赏圆月，重阳登高处……时令里的节俗形成我们独特的成长年轮，诸多仪式的不断循环往复，让我们深沉地感念自然、敬畏生命，在自然与自身的荣衰消长里参悟恒久与瞬息。哦，是不是还有呢？立春吃春卷，冬至吃饺子，腊月初八喝腊八粥……岁时节气的律动中，我们生活得有滋有味，生生不息。

(一)节与气——“天地之大德曰生”

一年分为四时，四时各有三月。一般来讲每月二气，月首叫节气，月中称中气，这样有二十四个节气。每五天为一候，这样一年有七十二候。二十四节气中“四立”(立春、立夏、立秋、立冬)是划分四季的起点，“暑”“寒”(小暑、大暑、处暑、小寒、大寒)显示一年中由热而冷的变化，“露”“霜”(白露、寒露、霜降)反映气温渐降的状况，“雨”“雪”(雨水、谷雨、小雪、大雪)显示降水的状况，惊蛰、清明、小满、芒种显示物候状况或农作物的生长情况。冬至、大寒、雨水、春分、谷雨、小满、夏至、大暑、处暑、秋分、霜降、小雪一般用来确定月份，依次是冬月、腊月、正月、二月……依次类推，至小雪为十月。

二十四节气是以气候、物候为依据建立的自然历法，用来指导农业生产和日常生活。2016 年 11 月 30 日，联合国教科文组织正式将二十四节气列入人类非物质文化遗产代表作名录。在现行公历中，二十四节气的日期基本固定，上半年是 6 日、21 日，下半年是 8 日、23 日，具体日期前后相差不过一至两天。

季节	节(气)	中(气)
春	立春——正月节	雨水——正月中
	惊蛰——二月节	春分——二月中
	清明——三月节	谷雨——三月中
夏	立夏——四月节	小满——四月中
	芒种——五月节	夏至——五月中
	小暑——六月节	大暑——六月中
秋	立秋——七月节	处暑——七月中
	白露——八月节	秋分——八月中
	寒露——九月节	霜降——九月中

续表

季节	节(气)	中(气)
冬	立冬——十月节	小雪——十月中
	大雪——十一月节	冬至——十一月中
	小寒——十二月节	大寒——十二月中

晚明古剑陶庵老人张岱辑纂的一部融知识性与故事性为一体的类书《夜航船》里的“天文部时令”中有“节气”条目如下：

立春正月节，雨水正月中；惊蛰二月节，春分二月中；清明三月节，谷雨三月中；立夏四月节，小满四月中；芒种五月节，夏至五月中；小暑六月节，大暑六月中；立秋七月节，处暑七月中；白露八月节，秋分八月中；寒露九月节，霜降九月中；立冬十月节，小雪十月中；大雪十一月节，冬至十一月中；小寒十二月节，大寒十二月中。

(二)时与俗——“生生之谓易”

不同节气有不同的气候特点、不同的农事安排和节礼习俗等。随着经济的发展、社会环境的改变、节日系统的自我调适等原因，节礼习俗也有发展变化。

明清时具有百科全书性质的蒙书《幼学琼林》，对岁时节俗有较为细致的介绍。

幼学琼林·岁时卷

爆竹一声除旧，桃符万户更新。履端，是初一元旦；人日，是初七灵辰。元日献君以椒花颂，为祝遐龄；元日饮人以屠苏酒，可除疠疫。新岁曰王春，去年曰客岁。

火树银花合，谓元宵灯火之辉煌；星桥铁锁开，谓元夕金吾之不禁。二月朔为中和节，三月三为上巳辰。冬至百六是清明，立春五戊为春社。寒食节是清明前一日，初伏日是夏至第三庚。四月乃是麦秋，端午却为蒲节。六月六日，节名天贶；五月五日，序号天中。端阳竞渡，吊屈原之溺水；重九登高，效桓景之避灾。五戊鸡豚宴社，处处饮治聋之酒；七夕牛女渡河，家家穿乞巧之针。中秋月朗，明皇亲游于月殿；九日风高，孟嘉帽落于龙山。秦人岁终祭神曰腊，故至今以十二月为腊；始皇当年御讳曰政，故至今读正月为征。……

二月扑蝶之会，洵可乐焉；元正磔鸡之朝，必有取尔。

吴质浮瓜避暑，陂塘九夏为秋；葛仙吐火驱寒，户牖三冬亦暖。

豪吟释子，夜敲咏月之钟；胜赏君王，春击催花之鼓。

清秋汾水，歌传汉武之辞；上巳兰亭，事记右军之迹。

人日卧含章檐下，寿阳试学梅妆；中秋过牛渚矶头，谢尚细吹竹笛。

寇公春色诗，真可喜也；欧子《秋声赋》，何其凄然。

(三)寻踪“上巳”——三月三

古代称农历三月第一个干支带“巳”的日子为“上巳”。

先秦时期，每逢上巳日，人们就要到水边祭祀，并用香薰等草药沐浴，通过这种方式以祈达到消灾祛病的目的。人们把这种大规模的民俗节日，称为“祓禊”。《周礼·春官·女巫》有“女巫掌岁时祓除衅浴”，郑玄注解为“岁时祓除，如今三月上巳如水上之类，衅浴，谓以香薰草药沐浴”。可见周朝时，在规定的时间里行“祓除衅浴”之礼已成为一种制度，并有专门的女巫掌管此事。上巳节在后代又逐渐增加了嬉游宴饮、曲水流觞等内容。魏晋以后，该节日改为三月初三，又称重三或三月三。

【讨论任务】

上巳节，或称三月三，曾经是一个与水相关的、充满诗情画意与美好祝福的节日。南宋范成大《观禊帖有感三绝》叹吟：“三日天气新，禊饮传自古。今人不好事，佳节弃如土。”这个美好的节日后来是如何渐渐淡出我们视线的呢？

● **学生分享**

生 1：源于先秦时期春天到水边消灾祈福的祭祀仪式。

《论语》中记载了暮春之初结伴游乐的情形。孔子与弟子坐谈志向，曾皙的志向便是：“暮春者，春服既成，冠者五六人，童子六七人，浴乎沂，风乎舞雩，咏而归。”意思是，暮春三月，穿好春装，同五六个年轻人、六七个孩童在沂水中沐浴，在舞雩台上吹风，然后一路歌咏而归。多么浪漫洒脱、卓尔不群的曾皙！孔子对曾皙的想法大加称赞。程树德《论语集释》引《集注》：“浴，盥濯也，今上巳祓除是也”，“舞雩，祭天祷雨之处”，看来曾皙所述的是一种古代祈雨的祭祀仪式，也叫雩祭。

《诗经·郑风·溱洧》也描写了每到上巳日，郑国男女到溱水、洧水边，执兰草洗濯身体，以求祓除不祥的情景：

溱与洧，方涣涣兮。士与女，方秉蕳兮。女曰：“观乎？”士曰“既且。”“且往观乎！”洧之外，洵訏且乐。维士与女，伊其相谑，赠之以勺药。

溱与洧，浏其清矣。士与女，殷其盈兮。女曰：“观乎？”士曰“既且”。“且往观乎！”洧之外，洵訏且乐。维士与女，伊其将谑，赠之以勺药。

《韩诗章句》载：“郑国之俗，三月上巳之日，于两水上招魂续魄，拂除不祥。

故诗人愿与所悦者俱往观也。”可见在《诗经》中上巳日已有娱乐性。

生 2：到了魏晋时期，上巳已逐渐演化为文人雅士临水宴饮的节日。

“永和九年，岁在癸丑，暮春之初，会于会稽山阴之兰亭，修禊事也。群贤毕至，少长咸集”，大家“一觞一咏”“畅叙幽情”。王羲之挥毫作序，乘兴而书，成就了书文俱佳、举世闻名、被后人誉为“天下第一行书”的《兰亭集序》，后人亦把此碑帖称为《禊帖》。

自兰亭修禊后，还有清康乾年间，扬州瘦西湖畔发生的几次“红桥修禊”，主持者皆为当时名士，参与者多达近万人。听听他们的名字，你就震撼了：诗人王士禛，词人纳兰性德，《桃花扇》的作者孔尚任，随园主人袁枚，画家、诗人郑板桥……

上巳节，文人宴集，曲水流觞，游目骋怀，偃仰啸歌，充满清雅高贵的味道。

生 3：到唐代，上巳日活动更加丰富，已演变为全民性娱乐节日。

丽人行

杜　甫

三月三日天气新，长安水边多丽人。态浓意远淑且真，肌理细腻骨肉匀。
绣罗衣裳照暮春，蹙金孔雀银麒麟。头上何所有？翠微㔩叶垂鬓唇。
背后何所见？珠压腰衱稳称身。就中云幕椒房亲，赐名大国虢与秦。
紫驼之峰出翠釜，水精之盘行素鳞。犀箸厌饫久未下，鸾刀缕切空纷纶。
黄门飞鞚不动尘，御厨络绎送八珍。箫鼓哀吟感鬼神，宾从杂遝实要津。
后来鞍马何逡巡，当轩下马入锦茵。杨花雪落覆白蘋，青鸟飞去衔红巾。
炙手可热势绝伦，慎莫近前丞相嗔！

三月三，除了修禊之外，主要是春游踏青、临水宴饮。从杜甫的诗中可见唐代女子三月三到曲江游乐赏玩的情景，细致描画了她们着装的奢华、器皿的精致、肴馔的精美，浮华的外表下，流露出由盛而衰的悲音。盛唐以后，三月三，渐渐衰落。

◆ **教师解读**

我们可以看到，上巳节是一个充满生机和活力的节日，是与和煦春天的同频共振：走向水滨，走向自然，感受春光，生发感慨。不管是祓除还是宴饮，都表现出人们对生命欣欣向荣的渴望，表现出强烈的热爱生命的意识。至唐，三月三上巳节成为全民性的娱乐节日，与唐代经济的发展、诗歌的繁荣、政治的稳定与支持密不可分。宋代以后，理学盛行，礼教渐趋森严，浪漫欢腾的上巳节受到压制，逐渐式微。

此外，与上巳节很近的寒食节、清明节，都有祭祀祈福的活动，尤其是清明，因其节气，游赏踏青也是它的主要活动内容，于是上巳节被寒食、清明“包围”，“藏”在了清明大节里，可以看作是我们节日系统的自我调适。

宋代以后，随着理学的盛行，女性受到更多的束缚，节俗活动大幅度减少，上巳节渐渐成为一种文化记忆。后代帝王为了美化统治，亦多有扶持，但多是模仿其形式，或是对兰亭修禊事的怀念，后者如：

踏莎行·上巳日遇华严寺

秦　观

昨日清明，今朝上巳。莺花著意催春事。东风不管倦游人，一齐吹过城南寺。

沂水行歌，兰亭修禊。韶光曾见风流士。而今临水漫含情，暮云目断空迢递。

这就又体现出三月三上巳节的文化内涵：顺应天地，和谐自然，祛除污秽，纳新向上。上巳的所谓衰落，或是藏匿或是和谐，让我们看到了中华文化删繁就简、顺势而为的特点。

“又是一年三月三，风筝飞满天”，三月三，你会做些什么呢？

当代之声

日月交替，斗转星移，春作夏长，秋收冬藏，岁时节令里生成了具有丰富内涵的文化活动，让许多的日子在我们的心里闪亮。节令文化与自然同频共振，与生活紧密关联，具有传承性，也具有开拓性，且充满仪式感。就“总有照亮生命的节日”这一话题，联系生活实际，你有哪些体会想与大家分享？

师生荐文

(一)教师推荐

我与大家分享汪曾祺的散文《岁交春》。这是一篇充满年味儿的文化散文，文章充满节日的欢欣，弥漫着烟火气，有风俗，有美食，有对古老文化的深沉情感。贯穿始终的是对待生活的真纯，文中的“我”，不管多大，都像一个孩子，在节日的花园游赏。

“岁交春”，就是春节大年初一也是立春，很难得，俗谚有：“百年难逢岁交春”之说。汪曾祺先生72岁头一次赶上，很兴奋，也很期待。他借此追溯了立春：春谚——“春打六九头”，民俗——“打春”“送春牛”“咬春”“五辛盘”“吃春饼”，文事——陶潜之“农人告余以春及，将有事于西畴”、《岁时广记》《北平风俗类征》等，图画——老皇历上颜色明晰的《春牛图》。

对于“送春牛”的节俗，汪先生说并不隆重，但他很愿意看，并且有说不出的感动。也许这种感动，就是他在《谈谈风俗画》中所说的：他喜欢风俗，觉得它很美。汪先生结尾说他为立春将至而兴奋，因为可以吃春饼。他的春饼诗里，除了诗意，还有对春天的盼望，对生活的热爱，也许用他自己的观点更合适：风俗里有一个民族对生活的挚爱，对活着的欢悦。

汪曾祺先生写的“岁交春”是1992年，下一次是2038年，借先生的文章，我们也照亮自己的那个“岁交春”吧。

（二）学生推荐

生1：我推荐余光中的《初春》一诗。这首诗写出春天的苏醒、春天的力量。诗中选取春天的典型意象：春雨、新芽、归燕、屋檐，用它们画一幅画，我们可以讲一个相似的故事、美好的春天、可以回归的家、充满希望的未来。《初春》冲淡平和的语调中灵动着生命力，流动着诗人余光中浓得化不开的文化乡愁。首句“古中国蠢蠢的胎动”，《说文解字》解释：“蠢，虫动也”，冬眠的虫蛇在回暖的春天苏醒，“蠢”即是“春”，作者用汉字最古老的意义关注着最传统的物候时令，这正是一种文化寻根，是一种对文化醇厚的深爱。“一阵毛细雨过后，泥土被新芽咬得发痒”，芽像牙，咬着泥土，多么灵动新鲜的比喻，作者何尝不是在用他的牙——文字，深深地“咬”着广袤的文化土壤呢。在雨后，“随手捡一块顽石”，也自然流淌着斜风细雨不须归的浪漫，而这块顽石，是古老的石燕，微雨中，化作“呢喃的燕子”，载着故乡的风土人气，“一路从小时候的檐下”，跨越空间和时间“飞寻而来”。

（2019级　张润心）

生2：我推荐赵晓林的文章《过年成为一种形式：年味不知“味”》。文章让我们思考，怎么让年过得有年味儿。现在很多人觉得过年没什么意思，年味儿太淡了，那年味儿究竟是什么“味儿”？作者首先带我们回味过去的年味儿：忙碌置办年货的味儿，新衣裳的味儿，炸货的味儿，蒸馒头、花卷的味儿，鞭炮的味儿，压岁钱的味儿……这一切，现在都没有了，或者不完整了。对于现在很多人来说，年味儿只是一种存在于记忆中的味道，过年成了一种形式、一种责任、一种负担。现在的人们对于过年似乎只剩下了回家、团聚、吃饭，然后就是离家、工作。就是相聚了，又有多少人能真正地放下手机、离开电脑、不看电视，和家人说说心里话，唠唠家常呢？当代人对“年”的盛情无处安放，所以感觉年味儿淡了。作者提出：也许，我们在抱怨年味儿越来越淡的同时，不如放慢生活的节奏，花一些时间去品味年的味道；去用一些过去的或新兴的形式去重新搭建年俗，让传统文化有所发展，跟上物质生活的发展速度。

（2019 级　王润彤）

笔落抒怀

我们走在光阴里，走在岁时的节与气里，度似水流年，观春花秋月，被节礼习俗唤醒，将岁岁年年峥嵘，在春夏秋冬里移步吞吐，在风霜雨雪里栉沐长养。当你如陀螺般停不下来的时候，岁时节日劝你止息；当你在窄仄局促中感慨万千，蓦然回首，那年此日不乏知音。你一直在光阴的节奏里前行，这片悠悠沃土对你的提点从不缺失，对吗？那么，在“物与我皆无尽”的旅途中“刻写”些什么吧，留下些标记，告诉自己，我们就是这样长大的——

师生感悟

（一）教师个人分享

时间的印章

我有许多的印章，其实是越来越多的印章，为了方便查找，又把它们放进了不同的透明盒子，于是又有了不少的盒子。盒子里又渐次有了自己的格局：节气的、花草的、山水的、动物的、瓦当图案的……这样，孩子们的作业本上出现了各种的印章，“老师，今天惊蛰?”“嗯，很有活力的一天哟。”背默《离骚》的文字下印上了木兰花，“老师，这花咱们校园里也有呢！今儿再细瞅瞅。”有些印章轻易不动，孩子们的教室变了，教学楼换了，它们才会跃然纸上，比如“成德居笔记”“旷达轩游骋”。这样，小小印章铺排出的场面好像越来越大了。

借助印章，我颇会“端”着些。“元亨利贞”“含章可贞”“乾乾无咎”“往吉无不利”落在了孩子们的作业本上，从作业的情状，孩子们大致明白了作业的次第，他们会查找出这些语词的出处，有些“小专家”会和大家分享“章”里乾坤，“小书法家”会建议用哪种字体刻写出来更有味道。背默时有“诚意正心”，写作时有“见微知著”，梳理时有“诸事皆宜”，分享时有“厚德载物”，孩子们笑了：“话说，这是您的四端之心吗?”我周周正正、清清爽爽印着一枚枚小章，我的章很多，不止于此，你看，还有日期加持呢。

话说，印有"成德居笔记"的本子用完是可以"授章"的。那是用来写读书笔记的本子，那是时时令我"魂悸以魄动"的本子，看到了孩子们随孙少平闯世界的心神激荡，对田晓霞纯粹之爱的高歌，对孔子"叩其两端"之法的探究，对圣地亚哥硬汉精神的当下思考。一格一字，一字一思。本子写完了，可以找我加盖一个精美大章，再领取一本新的。新笔记的封面依然是周周正正地印一个章，依然是一格一字。笔端见成长，不错的。

我拥有第一个印章是在中学时代，橡皮做的，刻印的是我名字的缩写。那应该是一套里的其中一个，另三个属于一起的小伙伴，前后桌的那种。名字的缩写是我们苦思冥想、群策群力"自主设计"的，同学们最后一致认可，自赏互赏；是秘密暗号，也是独创佳品，那个缩写符号我一直用到了现在。每每读到"老鱼跳波瘦蛟舞"，就会心下一动，那个缩写符号就像一条眼睛大大的鱼。橡皮章不在了，缩写符号还被画写在书的扉页。

属于我的第一枚真正的印章，刻的是我的名字，样式是仿英文的花体字，石质的，现在想来都是非常漂亮的。是一位同学刻赠的，记得她设计了好些时日。可惜在从一座城到另一座城的迁移中，不慎遗失了。那位同学，也已许多年未见了。当时她没有考上大学，进了一家工厂，工作是看各种的仪表，因为仪表是不停运转的，她会经常上夜班。她说她不爱看仪表，爱画画，爱刻章，爱打瞌睡。她经常给身边的朋友画像或刻章，坐着聊着就可以画可以刻，不知道现在还是不是这样。

我的不少印章是木材质橡胶面的，前些日子，毕业不久的心澜给了我一套她刻的石质印章。记得她们那届的《兰亭集序》是在牛年的三月初三讲的，依然是"天朗气清"，她还在黑板上写了个大大的"永"字。她的石刻的章里有一枚就是篆刻的"致一"，后来我印在了孩子们作业的后面，他们说："很好看啊，应该是'其致一也'的缩写吧，'致'的意思应该是……"

(二)学生写作交流

又到重阳

岁岁重阳，又嗅到了菊花的淡香。登高凭栏，将那份思念愈发清晰地印在心底。藏于仪式中的"孝"从未淡忘，皆化作缭绕的香烟、手中的淡酒，时刻在心头，氤氲荡漾。

小时候，每年的重阳节，一家人都要登高祭祖。一家老小恭敬地捧着贡品，相携爬上祖先坟墓所在的山顶。爷爷将果品和花篮整整齐齐地摆好，手里捧着些纸钱，轻而虔诚地放于坟上，用香点燃了，低语着："爸，妈，孩子们来看您了。你们操劳了大半辈子，现在儿孙满堂，你们在那边不用担心了……"山顶的风不住地吹着，却恍若吹不散爷爷的喃喃低语，风中的纸钱翻飞，一同飞着的还有我们的思念。

我和表妹总是在一双大手的包裹下拿着毛笔，一点一点，小心翼翼地将灵牌上的字迹描清描亮。那时的我们应该还不知道这动作背后的意义吧，但简单的动作依旧庄严而肃穆。现在想来，仪式中的慎终追远，那"孝"的家风大概就在那时藏于心底，便十余载未蒙丝毫尘埃。

捧着一束菊，擎一炷香，我们跟在大人身后上前祭拜。将菊花在牌前摆置好，双手擎香，端端正正地插在坟前。香烟缭绕，我们低下头整理仪表，挺直腰背，面对着曾祖父曾祖母的灵牌，缓缓地、庄重而虔诚地鞠了三躬。双手擎起酒杯，爷爷奶奶早已红了眼眶："你们的太爷爷，最爱喝酒了……"轻手轻脚地将菊花酒敬于墓前。那一刻，似乎一切都凝滞了，耳畔的风声悄然消失，只剩下带着思念的静默。

父辈和我们总要在此之后才向祖先敬酒，一杯菊花酒，捧于心上的不仅是怀念与追忆，还有祝福与祈愿。手捧菊花酒，端于身前，听姑姑轻声念着："爷爷奶奶，你们在天有灵，保佑爸妈健健康康可好?"心，不由微微一震。将酒杯倾斜，里面淡黄色的菊花酒静静流淌而下，如泪，落在祖先的坟前。临风远眺，似乎曾祖父他们能在天的那一边静静看见我们，他们的牵挂里也一定有欣慰的笑吧？不禁双手合十，认真地祈愿他们保佑爷爷奶奶身体康健。小小的人已然有了孝心，便用自己认为最虔诚最美好的方式为爷爷奶奶祈福。"孝"的家风不知不觉已扎根心底，让我在此后的十几年里，时刻尽着自己的绵薄之力。

转眼间，十余载春秋已去。爷爷奶奶愈发年迈了，腿脚已有些不便，可即便顶风冒雨，即便有时生着病，也依然不间断地进行这含情的仪式，年年不变。这不是习俗的烦琐，而是一种追忆，是对生命的敬重与从不淡忘的铭记。"孝"，寄托在厚重的礼仪里，蕴藏着我们最真挚最纯粹的心意与愿望。

历史的车轮越转越快，可总有些东西早已根植于血脉，代代相传，不息不变。日新月异中，家风就是那通向故乡的路，见证着我们如何一步一步走到现在。慎终追远，"孝"的铭记中，有家园的赓续流传。

于世，家风应善存；于我，孝心当不忘。

（2019 级　王之韵）

18 岁，山里中秋

"但愿人长久，千里共婵娟。"无论离乡多么遥远，月亮总能把你带回那个熟悉而又亲切的地方。我至今仍记得，来到珞珈山的第一天，漫天星辰注视下，明亮的“婵娟”让我第一次真切地感受到了思乡之情。看着那耀眼的星辰，我仿佛回到了家人身边，蓦然回首才发觉自己早已身处异乡。

漫步在珞珈山旁，低头看着些许干枯泛黄的落叶，昂首看见那千里之外的“婵娟”。此时此刻我才体会到，为何古人对团圆那么执着，中秋要团圆，春节要团圆。试想在落叶归根的季节，不远千里踏着归根的落叶回乡，抚摸着那道熟悉的门，轻轻叩响，在欢声笑语中，与家人欢聚一堂，围坐在一起，共赏这一年中最完满、最耀眼的“婵娟”，我感到多么幸福，多么美满！

今年的中秋和往常不一样，我很孤独，但也并不孤独。我独自一人，但我想起了很多人。我想起了幼时照顾我的爷爷奶奶和姥姥姥爷，我想起了陪伴我的爸爸妈妈，我想起了陪我玩的弟弟，我想起了教育我的恩师……

孤独让人思念，让人成长……

17 岁的那个夜晚，我握紧双拳大声喊出自己的梦想，月亮就是我的见证者。

如今，在 18 岁的夜晚，在珞珈山旁，月亮的见证下，我完成了自己的成人礼。

一个月前，步入武汉大学校门的那一刻我是迷茫的，我不知道自己是否热爱我的专业，我不知道这是不是最正确的选择。学院里有很多老师也和我一样，最初很迷茫，但他们告诉我“此心安处是吾乡”，大学生活最重要的是找到自己的真爱，总有什么真的能让你为其奉献一生。

关于美丽的珞珈山有这样一个传说：珞珈山原名“落袈山”，是菩萨落下的袈裟形成的。我想，那时的它不会想到会成为如今这座美丽的珞珈山吧，就像 17 岁时的我不知道会来到这里成为一名学子。

徜徉山林，看着不远处那一片片令人心安的绿瓦、那一座座令我神往的古风建筑，我知道，这里就是心安之处。那股命运之风将我吹向了这里，那么，我就在这片山林成长为一株青绿，或者，盛开成山坡上拥抱天地、舒展如梦的红色彼岸花。

（2019 级　华文熙）

上巳修禊记

春日宴，绿酒一杯歌一遍。启程趁春早，恰花欲盈怀。

辛丑年三月初三，携友同游。江碧鸟逾白，山青花欲燃，春光无限好，时时物候新。同乐之际，方感日月不淹，春秋代序，劳燕分飞，各赴前程已不远矣！忽忆军营苦练，夜下畅谈，林下漏月光，疏疏如残雪；又忆清明踏青，作诗猜谜，原上曳芳草，何其风雅疏朗！回首向路，众友偕行，情深意切，令人不禁泪眼潸然。

《赤壁赋》有云："盖将自其变者而观之，则天地曾不能以一瞬；自其不变者而观之，则物与我皆无尽也"。于天地永恒之间，寻得瞬息共赴，何其幸哉？于天地万变之间，心头留得一隅永恒，何其快哉？佛语"吾从来处来，正向去处去"，世人多重来处叹去处，然始终之间，自成人生，来去之间，吾等皆在路上。生死之事，唯此点点滴滴，无恨也。

（2019级　张　暖）

【结语】

《红楼梦》"在日常生活的细腻叙写中寄寓作者对社会人生的透彻观察和深刻思索"（人教版普通高中教科书《必修下册》）。一部《红楼梦》，讲述了一个怎样的梦呢？开卷第一回说作者"曾历过一番梦幻之后，故将真事隐去，而借'通灵'之说，撰此《石头记》一书也"，经历了生活，而发出人生如梦的感慨。其实这样的生命慨叹何止万千？"人生如梦，一尊还酹江月"，把个人情感的跌宕汇入旷远的自然；"醉里挑灯看剑，梦回吹角连营"，现实是困窘失意的，所有的激扬快意只能驰逐在梦里；"柔情似水，佳期如梦"，短暂的相逢，把爱情的坚贞写满七夕的夜空……人生如梦，有失意，有畅想，亦有美好，彼此交织，方成可品之味。

二、我与万物相应

在匆匆忙忙的生活中，我们总在与众多的生命擦肩而过。你有多久没有停下来看一棵树，看一朵云？池塘春草，飞鸟鸣禽，霜天红叶，寒江冬雪，万物之中是否有一些生命触动了你的情思，又是否有一些生命让你照见了自己？

自古以来，中国人都在与自然万物的相处中生活和创作着，先秦的圣哲、红楼中的儿女、著名的作家、平凡的农人，概莫能外。本部分，我们将以《红楼梦》中的诗词作为导引，品味红楼女儿内心对花的体认。由此深入，我们还将探讨一个古老的文学传统，领会中华文化中“物我合一”的生命态度。悠悠文脉，绵延不绝，在当代的文学作品中，我们依然可以找寻到这样的生命情怀；漫漫人生，情思永继，在每个人生命的天地中，我们都该与万物有一场美丽的相逢。

就让我们由《红楼梦》的阅读作为牵引，跨越生命的外在形式，与自然生命最深处的灵与神交相辉映，在对万物的关照中觅得“同频共振”吧！

红楼讲堂

走进红楼诗词，品味“人花相应”

提到美好的女性，你会想到大自然中的什么生命？曹公在《红楼梦》中刻画了无数经典的女儿形象，也将她们与自然界中的美好生命做了诸多勾连，这其中最突出的当属“花”这一自然物。女性与花不仅有外在美上的相似，更有内在气韵和品性上的相通。大自然中姹紫嫣红、姿态万千的花朵，不正如人间风采无限、性格各异的女性吗？在本部分“红楼讲堂”中，让我们一起走进红楼“花”世界，领略红楼女儿们独特的美，感受“人花相应”的美妙境界。

（一）哭葬落红为哪般

说起《红楼梦》中的人与花，最脍炙人口的便是黛玉葬花了。第二十三回中写黛玉“肩上担着花锄，花锄上挂着花囊，手内拿着花帚”。黛玉没有接受宝玉把花瓣撂在水里任其流去的建议，她担心花瓣流出大观园后难免要遭受浊水的侵蚀，故而在“畸角”上自建了一个花冢，要将花瓣埋在那里，认为只有随土化了，方才干净。通过第二十三回中的描写，我们能感受到黛玉对于落花的处理有一种执念，花瓣要用最干净的绢袋来装，花瓣要入土为安，入土为净。很明显，在黛玉心中，落花已不再简简单单是自然之物，而是被赋予了深情。那深情由何而来呢？

第二十七回中，芒种时节春花凋落，送别花神之时，大观园里的女孩儿们系彩线，做绸花，享受着春去夏来的晴暖时光，而这样热闹欢愉的日子里唯独不见了黛玉。

春去夏来，自然之流转始终如此，春花既已落，女孩儿们便做绸花，让花之形态美以另一种方式常驻。可见面对自然之落花，青春少女们整体上还是呈现出了天性中那欢愉的一面。唯独不见了黛玉，是因为黛玉不喜欢与女孩儿们一起欢笑玩乐吗？在这个场景里，黛玉的不出现是因为不喜欢社交、不合群的缘故，抑或是落花片片，触动了少女心中最柔软之处？

一首《葬花吟》会向我们揭示黛玉执着于安葬落花的答案。

第二十七回　滴翠亭杨妃戏彩蝶　埋香冢飞燕泣残红(节选)

原来这日未时交芒种节。尚古风俗：凡交芒种节的这日，都要设摆各色礼物，祭饯花神，言芒种一过，便是夏日了，众花皆卸，花神退位，须要饯行。然闺中更兴这件风俗，所以大观园中之人都早起来了。那些女孩子们，或用花瓣柳枝编成轿马的，或用绫锦纱罗叠成干旄旌幢的，都用彩线系了。每一颗树上，每一枝花上，都系了这些物事。满园里绣带飘飖，花枝招展，更兼这些人打扮得桃羞柳让，燕妒莺惭，一时也道不尽。且说宝钗、迎春、探春、惜春、李纨、凤姐等并巧姐、大姐、香菱与众丫鬟们在园内玩耍，独不见林黛玉……

宝玉因不见了林黛玉，便知他躲了别处去了，想了一想，索性迟两日，等他的气消一消再去也罢了。因低头看见许多凤仙石榴等各色落花，锦重重的落了一地，因叹道：“这是他心里生了气，也不收拾这花儿来了。待我送了去，明儿再问着他。”说着，只见宝钗约着他们往外头去。宝玉道：“我就来。”说毕，等他二人去远了，便把那花兜了起来，登山渡水，过树穿花，一直奔了那日同林黛玉葬桃花的去处来。将已到了花冢，犹未转过山坡，只听山坡那边有呜咽之声，一行数落着，哭的好不伤感。宝玉心下想道：“这不知是那房里的丫头，受了委曲，跑到这个地方来哭。”一面想，一面煞住脚步，听他哭道是：

花谢花飞花满天，红消香断有谁怜？游丝软系飘春榭，落絮轻沾扑绣帘。

闺中女儿惜春暮，愁绪满怀无释处，手把花锄出绣闺，忍踏落花来复去。

柳丝榆荚自芳菲，不管桃飘与李飞。桃李明年能再发，明年闺中知有谁？

三月香巢已垒成，梁间燕子太无情！明年花发虽可啄，却不道人去梁空巢也倾。

一年三百六十日，风刀霜剑严相逼，明媚鲜妍能几时，一朝飘泊难寻觅。

花开易见落难寻，阶前闷杀葬花人，独倚花锄泪暗洒，洒上空枝见血痕。

杜鹃无语正黄昏，荷锄归去掩重门。青灯照壁人初睡，冷雨敲窗被未温。

怪奴底事倍伤神，半为怜春半恼春：怜春忽至恼忽去，至又无言去不闻。

昨宵庭外悲歌发，知是花魂与鸟魂？花魂鸟魂总难留，鸟自无言花自羞。

愿奴胁下生双翼，随花飞到天尽头。天尽头，何处有香丘？

未若锦囊收艳骨，一抔净土掩风流。质本洁来还洁去，强于污淖陷渠沟。

尔今死去侬收葬，未卜侬身何日丧？侬今葬花人笑痴，他年葬侬知是谁？

试看春残花渐落，便是红颜老死时。一朝春尽红颜老，花落人亡两不知！

宝玉听了不觉痴倒。要知端详，且听下回分解。

◆ 学生解读

初读“黛玉葬花”我不能理解这一行为的意义。落红飘零满地，又何苦要将其埋葬，筑成花冢？在我看来，这是一件有些“行为艺术”的事情。读到《葬花吟》的时候我能感觉到诗里有非常强烈的感情，很多问，很多叹，说的不是花，倒是人的生命和生活了。读到诗后面的一句“侬今葬花人笑痴，他年葬侬知是谁?”我心里一惊，黛玉感叹的不是死本身，而是正值芳龄而死啊，不单是正值芳龄而死，死后还连收葬的人是谁都无法确认。锦衣玉食也好，美貌婀娜也好，她到底是个多病的孤儿啊。

如果能“设身处地”考虑黛玉的身世，就会对黛玉葬花的行为有所怜惜。黛玉出身于封建大家族，既是官宦之族又是书香之家，然而由于从小缺失母爱，后又丧父，使黛玉产生了极强的孤苦无依之情，又因她自小身体羸弱，偌大的贾府中她唯一的依靠便是贾母与宝玉，常年的寄人篱下，致使她变得敏感多疑、尖酸刻薄，充满了不自信与对未来的不确定。黛玉性格中的孤高自傲也使得她在群芳中成为一股清流。黛玉独有的孤高自许、心无城府，使得她成为贾府中唯一一抹“知世故而不世故”的光，她有着封建社会中最难能可贵的真挚纯洁，不谄媚，不向权贵低头，勇于追寻自由，坚守自己人格的独立。正如同《葬花吟》中所写“未若锦囊收艳骨，一抔净土掩风流。质本洁来还洁去，强于污淖陷渠沟”。

黛玉所葬之花不仅仅是花，更是自己，“花”便是自己的命运，葬花也便是另一种对自己的爱惜与对现实的无奈。“侬今葬花人笑痴，他年葬侬知是谁？试看春残花渐落，便是红颜老死时。一朝春尽红颜老，花落人亡两不知！”对宝玉情感的摇摆不定，对自己未来的叹息迷茫，使得这一首《葬花吟》自然流露，暗指了黛玉未来命运的凄凉零落。黛玉想要的爱情，在宁荣二府日渐污秽腐败的环境里无法实现，于是她叹息生命无常，落花成尘，宁愿葬于花冢之中也不愿沾染世俗的污秽。

（2019 级　王晨希）

◆ **教师解读**

世人都道宝黛互为知己，也大都熟知一个情节。第三十二回中，湘云劝宝玉留心“仕途经济”的大事，宝玉诘问“林姑娘从来说过这些混帐话不曾？若他也说过这些混帐话，我早和他生分了。”宝黛二人皆不看重向上攀附的“仕途经济”，认为那不外乎是对名利的追逐。太史公说“天下熙熙，皆为利来；天下攘攘，皆为利往”。天下虽大，又有多少人把本心看得比名利更重，又有多少人能真正地活出自我呢？

宝黛更关注自我与生命本身，他们的相知相配总是流露在细微之处。当宝玉独自在桃树下读书，阵风把花瓣吹落一身的时候，他不愿让花瓣被脚步践踏，抖落到干净的水池内。芒种节宝玉寻不见黛玉，路上一个人遇到落花，也会珍重地兜在怀里。宝玉对落花的珍重不是做给外人看的，而是一种内心情感自然而然地流露，这对落花珍重的背后大抵是对女儿的怜惜吧，女儿与花是如此相像，既有“人面桃花相映红”的美，又如“世间好物不坚牢”的易于消殒。宝玉在落花身上看到女儿家，黛玉在落花身上看到她自己，皆为痴人，皆源情真。

人生于世，除了寻找惺惺相惜之友伴，也往往可以在自然万物里照见自己，感受到相知相契。除了暮春落花，黛玉也常常在面对花鸟雨露时感受到强烈的共鸣，她对着这些自然之物或倾诉或追问，写下了众多美丽的诗篇。除了黛玉，红楼中蕙质兰心的女儿们都或多或少地在花朵中看见过自己，这种“看见”，不是对历代文人墨客之骚咏的附和，而是彰显着自我生命的爱恨与品格。茫茫尘世，那些给予我们心灵相契之感的人与物，让生命有所附立，让生命不再孤单。

（二）钗黛咏棠亦咏己

万物生长，各秉其性，或生于水泽，或生于大漠；或柔软娇弱，或刚健挺拔；或聚合而生，或孑然独立……万物之性，有可一眼望见的，有需历久方现的，人之处世亦然。如果说在日常行事中我们只能间接感受红楼女儿们不同的性格特点，那么在言情言志的诗歌当中，我们更容易去捕捉她们对自我最真诚、最凝练的呈现。

第三十七回　秋爽斋偶结海棠社　蘅芜苑夜拟菊花题(节选)

李纨道："方才我来时，看见他们抬进两盆白海棠来，倒是好花。你们何不就咏起他来?"迎春道："都还未赏，先倒作诗。"宝钗道："不过是白海棠，又何必定要见了才作。古人的诗赋，也不过都是寄兴写情耳。若都是等见了作，如今也没这些诗了。"

迎春道："既如此，待我限韵。"说着，走到书架前抽出一本诗来，随手一揭，这首竟是一首七言律，递与众人看了，都该作七言律。迎春掩了诗，又向一个小丫头道："你随口说一个字来。"那丫头正倚门立着，便说了个"门"字。迎春笑道："就是门字韵，'十三元'了。头一个韵定要这'门'字。"说着，又要了韵牌匣子过来，抽出"十三元"一屉，又命那小丫头随手拿四块。那丫头便拿了"盆""魂""痕""昏"四块来。宝玉道："这'盆''门'两个字不大好作呢!"

待书一样预备下四份纸笔，便都悄然各自思索起来。独黛玉或抚梧桐，或看秋色，或又和丫鬟们嘲笑。迎春又令丫鬟炷了一支"梦甜香"。原来这"梦甜香"只有三寸来长，有灯草粗细，以其易烬，故以此烬为限，如香烬未成便要罚。

一时探春便先有了，自提笔写出，又改抹了一回，递与迎春。因问宝钗："蘅芜君，你可有了?"宝钗道："有却有了，只是不好。"宝玉背着手，在回廊上踱来踱去，因向黛玉说道："你听，他们都有了。"黛玉道："你别管我。"宝玉又见宝钗已誊写出来，因说道："了不得！香只剩了一寸了，我才有了四句。"又向黛玉道："香就完了，只管蹲在那潮地下作什么?"黛玉也不理。宝玉道："我可顾不得你了，好歹也写出来罢。"说着也走在案前写了。

李纨道："我们要看诗了，若看完了还不交卷是必罚的。"宝玉道："稻香老农虽不善作却善看，又最公道，你就评阅优劣，我们都服的。"众人都道："自然。"

在《红楼梦》第三十七回中。探春偶发兴致，起了诗社。大家受到鼓舞，各自起了别号，当天便做起诗来。因贾芸恰好送来了两盆白海棠，便以"海棠"为题，共作海棠诗。诗人不是照相机，诗人作诗不是要万分写实地去还原一样事物。故众人虽未亲见两盆白海棠的模样，仍可凭自己心中白海棠的模样来作诗，正如王国维所说，"以我观物，故物皆着我之色彩"。

李纨评诗时，将钗黛二人的作品列为头两名。因为是限韵诗，她们的两首诗同压了"门""盆""魂""痕""昏"五个字的韵脚。花既定，韵脚既定，钗黛二位性情不同的女子，又会在各自的作品中谱写出怎样的生命乐章呢？我们一起来品赏吧。

咏白海棠

蘅芜君

珍重芳姿昼掩门，自携手瓮灌苔盆。胭脂洗出秋阶影，冰雪招来露砌魂。

淡极始知花更艳，愁多焉得玉无痕。欲偿白帝凭清洁，不语婷婷日又昏。

咏白海棠

潇湘妃子

半卷湘帘半掩门，碾冰为土玉为盆。偷来梨蕊三分白，借得梅花一缕魂。

月窟仙人缝缟袂，秋闺怨女拭啼痕。娇羞默默同谁诉，倦倚西风夜已昏。

【首联对读】

师：首句写门，宝钗笔下的“门”是白日也掩闭着，原因便在于“珍重芳姿”。一开篇，宝钗便把海棠视为端庄持重的大家闺秀，是不轻易示人的。当然，这里白日掩着的门既可以是真实的门，亦可以是心门。这样端庄持重的海棠种在什么地方呢？种在“苔盆”之中。“苔盆”这一意象恰恰给人以自然可亲之感。宝钗很喜欢这海棠，亲自为它浇水。在她笔下，海棠既是不可亵玩的大家闺秀，又不会拒人于千里之外，一远一近、一疏一亲之间平衡得恰到好处。

生：同样写门，黛玉这里的门是“半卷”“半掩”的。她好像不是很在乎有没有人来看海棠花，“半卷”“半掩”的样子感觉也不是刻意为之，就是一种很自然的状态，可能最开始是把门都打开了，后面风把门吹上了一些，也就任由它那样。但是种海棠花的花盆可就太讲究了，“玉为盆”好理解，“碾冰为土”就很夸张，花是不可能种在冰里的。读到这里，我想起了“一片冰心在玉壶”，黛玉写的海棠就是这种格外高洁、一尘不染。

【颔联对读】

师：在宝钗的思想中，白海棠之所以呈现出白色，是因为洗尽了铅华。海棠本是胭脂红妆的，热烈浓艳，但是经过不断的洗涤，或者我们可以理解为是经过了一种“修炼”，海棠终于在寒凉的秋阶上呈现了冰雪一样的颜色、冰雪一样的魂魄。宝钗本是正值妙龄的少女，却居住在如“雪洞”一般的闺房，服用着特制的“冷香丸”，“要春天开的白牡丹花蕊十二两，夏天开的白荷花蕊十二两，秋天的白芙蓉蕊十二两，冬天的白梅花蕊十二两。将这四样花蕊，于次年春分这日晒干，和在药末子一处，一齐研好。又要雨水这日的雨水十二钱，……还要白露这日的露水十二钱，霜降这日的霜十二钱，小雪这日的雪十二钱。把这四样水调匀，和了药，再加十二钱蜂蜜，十二钱白糖，丸了龙眼大的丸子，盛在旧磁坛内，埋在花根底下。”“冷香丸”需集一年四季中四种白色花朵的花蕊，配以雨露霜雪方可调成，宝钗需服用此种极寒的药丸方可压制由娘胎里带来的热毒。颔联两句，海棠那洗去“胭脂”而得到的“冰雪魂”，不正如宝钗自身吗？固然得到了清冷的美，但又隐含着几多的残忍，几多对天性的压制呢？

生：黛玉在颔联中也写了海棠的白，写得很生动，甚至有些俏皮可爱。海棠从梨花那里偷来了三分白，又从梅花那里借来了一缕魂，它喜欢这个世界上清洁美好的事物，就让自己也往美好的方向去生长。它不是只想着要穿干干净净的白色衣衫，重要的是灵魂要高洁，像“四君子”中的梅那样。

【颈联对读】

师：从颈联可以看出，对于白海棠经由修炼而成的冰雪色，宝钗是极肯定的。“淡极始知花更艳”一句，明显呈现出了比较之心和进取之意。白海棠修炼出冰雪色并不是为了怡然自乐，而是以退为进，要以极素之姿行“更艳”之事。宝钗的“淡极”，是不争花容。送宫花之时，薛姨妈说宝丫头从不爱花儿粉儿的，综观红楼，宝钗也从未着力于在衣着打扮上艳压群芳。她安分从时，思虑周全，顾全大体，从而让“花更艳”，得众人赏赞。此外，“淡极”还对应着“愁多”，宝钗否定了“愁多”，认为多愁多思不过白白耗损己身罢了。

生：接续颔联的高洁感，黛玉在颈联中又做了升华，从人间上升到仙境。月宫里的仙人缝着洁白的衣袂，想来是因为秋闺中的女子总是止不住泪水，泪水打湿了一件又一件衣衫。黛玉把海棠写成“怨女”，她的哭不是那种大声哭闹，应该是那种无声流泪，就那么在安静的秋夜里对着月亮默默垂泪，让人心疼，让人很想知道她究竟为什么这么伤悲。

【尾联对读】

师：“五行”之中秋色属白，这里的“白帝”指秋天。宝钗的白海棠婷婷地立在秋天里，从容优雅，把冰雪之白回敬给秋天。在那最容易引人忧思的黄昏里，白海棠静默无语。

生：读完诗的尾联，在我的想象里，尽管都处于日落黄昏之际，宝钗笔下的白海棠却好似被重重帘幕遮蔽着，被一名端庄女子细心养护，不让它受日光一丝侵染，永远那么洁白又自信地挺立。但黛玉写的白海棠就像被随意地摆在窗边，旁边或许放着诗卷与花簪，有一位满含愁绪的女子斜倚着窗，一人一花一同在落日的余晖下被染成淡淡的金色。

宝钗的诗是那样干练冷静，但我却更能和与物言伤的黛玉共情。

(三)杨柳花飞谁知味

万紫千红的春天里有一种特殊的“花”，苏轼在《水龙吟·次韵章质夫杨花词》中曾写道：“似花还似非花，也无人惜从教坠。”说的便是杨花。杨花与百花共同装饰了春天，然而有花之名却无花之貌，终因清淡无香、碎小飘零不引人注目。天下爱花者甚多，而爱杨花者却寥寥，无怪东坡慨叹“无人惜”。

提起古典文学作品里的杨花、柳絮，我们并不陌生。在李太白的“杨花落尽子规啼”中我们不难读出暮春时节的一份哀婉清冷，在贺铸的“一川烟草，满城风絮，梅子黄时雨”中，我们不难感受到无边无际的闲愁郁积。然而，在这些诗作中，杨花、柳絮只是作者铺陈出一种独特意境的中介物而已，它不是主角，也不是作者独特生命境况在自然界中的显影。在《红楼梦》的柳絮词中，有些作品如上所述仅仅是借物抒怀，而另有一些则是把自己与柳絮叠映在一起，难分彼此。

第七十回　林黛玉重建桃花社　史湘云偶填柳絮词(节选)

时值暮春之际，史湘云无聊，因见柳花飘舞，便偶成一小令，调寄《如梦令》，其词曰：

岂是绣绒残吐，卷起半帘香雾，纤手自拈来，空使鹃啼燕妒。且住，且住！莫使春光别去。

自己作了，心中得意，便用一条纸儿写好，与宝钗看了，又来找黛玉。黛玉看毕，笑道：“好，也新鲜有趣。我却不能。”湘云笑道：“咱们这几社总没有填词。你明日何不起社填词，改个样儿，岂不新鲜些。”黛玉听了，偶然兴动，便说：“这话说的极是。我如今便请他们去。”说着，一面吩咐预备了几色果点之类，一面就打发人分头去请众人。这里他二人便拟了柳絮之题，又限出几个调来，写了绾在壁上。

众人来看时，以柳絮为题，限各色小调。又都看了史湘云的，称赏了一回。宝玉笑道：“这词上我们倒平常，少不得也要胡诌起来。”于是大家拈阄，宝钗便拈得了《临江仙》，宝琴拈得了《西江月》，探春拈得了《南柯子》，黛玉拈得了《唐多令》，宝玉拈得了《蝶恋花》。紫鹃炷了一支梦甜香，大家思索起来。

一时黛玉有了，写完。接着宝琴宝钗都有了。他三人写完，互相看时，宝钗便笑道：“我先瞧完了你们的，再看我的。”探春笑道：“嗳呀，今儿这香怎么这样快，已剩了三分了。我才有了半首。”因又问宝玉可有了。宝玉虽作了些，只是自己嫌不好，又都抹了，要另作，回头看香，已将烬了。李纨笑道：“这算输了。蕉丫头的半首且写出来。”探春听说，忙写了出来。众人看时，上面却只半首《南柯子》，写道是：

空挂纤纤缕，徒垂络络丝，也难绾系也难羁，一任东西南北各分离。

李纨笑道："这也却好作，何不续上？"宝玉见香没了，情愿认负，不肯勉强塞责，将笔搁下，来瞧这半首。见没完时，反倒动了兴开了机，乃提笔续道是：

落去君休惜，飞来我自知。莺愁蝶倦晚芳时，纵是明春再见隔年期！

众人笑道："正经你分内的又不能，这却偏有了。纵然好，也不算得。"说着，看黛玉的《唐多令》：

粉堕百花州，香残燕子楼。一团团逐对成毬。飘泊亦如人命薄，空缱绻，说风流。　　草木也知愁，韶华竟白头！叹今生谁舍谁收？嫁与东风春不管，凭尔去，忍淹留。

众人看了，俱点头感慨，说："太作悲了，好是固然好的。"因又看宝琴的是《西江月》：

汉苑零星有限，隋堤点缀无穷。三春事业付东风，明月梅花一梦。　　几处落红庭院，谁家香雪帘栊？江南江北一般同，偏是离人恨重！

众人都笑说："到底是他的声调壮。'几处''谁家'两句最妙。"宝钗笑道："终不免过于丧败。我想，柳絮原是一件轻薄无根无绊的东西，然依我的主意，偏要把他说好了，才不落套。所以我诌了一首来，未必合你们的意思。"众人笑道："不要太谦。我们且赏鉴，自然是好的。"因看这一首《临江仙》道是：

白玉堂前春解舞，东风卷得均匀。

湘云先笑道："好一个'东风卷得均匀'！这一句就出人之上了。"又看底下道：

蜂团蝶阵乱纷纷。几曾随逝水，岂必委芳尘。　　万缕千丝终不改，任他随聚随分。韶华休笑本无根，好风频借力，送我上青云！

众人拍案叫绝，都说："果然翻得好气力，自然是这首为尊。缠绵悲戚，让潇湘妃子；情致妩媚，却是枕霞；小薛与蕉客今日落第，要受罚的。"宝琴笑道："我们自然受罚，但不知付白卷子的又怎么罚？"李纨道："不要忙，这定要重重罚他。下次为例。"

在第七十回中，湘云因见到暮春时节漫天飞舞的柳絮，偶然触动情思，写下了一首《如梦令》。湘云对自己的作品很满意，便展示给姐妹们看。柳絮本是无根之物，在暮春时节漫天纷飞，本是很容易引起人的哀思的。湘云自幼父母双亡，其实有着和黛玉相似的寄人篱下的苦涩，难得的是，湘云的性情中天生有一种豪放疏朗，总是能够洒脱自如地看待生活。且看她的小令，看到柳絮飞舞，她不禁用手去捉。为何捉柳絮呢？因为在湘云看来柳絮既是"绣绒"亦成"香雾"，是万分美好的自然物，连燕子都要嫉妒它。紧接着，湘云在词作里喊出了"且住！且住!”语气急切，充满了少女的天真与活泼，她呼唤着柳絮别飞远，呼唤着春光别溜走。对湘云而言，柳絮象征着明丽春光，她因爱春光而寄情于柳絮，但并未因柳絮牵动自我感怀。

在湘云小令的带动下，宝钗等五人也做起了柳絮词。其中探春只写了半首《南柯子》，由宝玉续写后半首，二人合作完成一词。探春关注到的是柳絮的丝丝络络，千丝万缕的柳絮无法盘整也难以收束，最后只能是四散天涯。探春借由柳絮表达的不是自我的内观，而更偏向于对家族众人命运的悲观预见。探春写《南柯子》已是在第七十回，紧接着在第七十四回抄检大观园时，探春便悲愤地说："可知这样大族人家，若从外头杀来，一时是杀不死的，这是古人曾说的'百足之虫，死而不僵'，必须先从家里自杀自灭起来，才能一败涂地!”也无怪探春此时只写出了半首，大抵是牵动了悲情，不愿去揣度家族四散之后的凄凉景象吧。宝玉接着探春的半首写下去，想来是想冲淡一下其中的悲情，他说即使柳絮飞散天涯也不必痛惜，因为我的心会记得，因为还有再会时。可是宝玉终究也还是要承认，纵使再相逢也是要隔一整年的。常言道，人生一世，草木一秋。草木要来年才能再相逢，那人呢，岂非要来世才能再相见了。读罢《南柯子》，掩卷犹觉哀。

再看宝琴的《西江月》，她把柳絮放在了漫漫的时空中去关照，由汉而隋，由江南到江北，柳絮终究要在暮春被吹尽，这是永不更改的命运。柳絮和这世上美好的明月与梅花一样，只是一梦罢了，可是啊，世人偏偏看不开，“恨重”难抒怀。读罢这首《西江月》，不禁让人感慨，宝琴作为一个年纪轻轻的女儿家，却对人世盛衰变幻如此通透。

与前面简略分析过的三首词作对比，同学们有没有在黛玉和宝钗的柳絮词中读出不同？木心先生说：“《红楼梦》中的诗词就像水草，放在水里好看，捞出来就不好看。”言外之意，《红楼梦》中的诗本身未必都有多么高的艺术水准，但好就好在诗与人是高度统一的，如果抛掉了人物，诗的动人度也便降低了。黛玉与宝钗的作品便正是在“物我合一”上超出众人，她们没有把柳絮当作赞美春天或古今伤怀的中介物，而是真真切切地与柳絮产生了共鸣，将柳絮与自身融合在了一起。

【讨论任务】

请同学们品读钗黛二人的柳絮词，说说自己于其中读出了怎样的黛玉和宝钗。

● **学生分享**

生 1：从基调来看，黛玉的词低沉，宝钗的词昂扬，这与她们二人的性情是相符的。

黛玉的词里，“漂泊”是重点。柳絮不像一般的花那样，在盛开的时候和茎连在一块儿，柳絮是要从枝条上飞走的。同时，柳絮本身没有什么重量，非常轻盈，所以被风一吹就飞得到处都是，收也没法收。黛玉这样写柳絮，正是写她自己。她远远地离开家乡，没有父母可以依靠，在贾府里感到自己的无足轻重，没办法把握自己的命运，也无法预见自己最终会有什么样的归宿。我看到她写“叹今生谁舍谁收”的时候就想到了《葬花吟》，《葬花吟》的结尾是“花落人亡两不知”，就是把落花和自己看作一体。黛玉的这首《唐多令》也是一样，把柳絮和自己合二为一了。

人和人真是不一样。同样是离开家，离开故乡，但可能是因为宝钗有母亲和亲哥哥在身边，她一直很自信。她说“几曾随逝水，岂必委芳尘”，就好像在说胜负未可知，只要我自己努力就可以有不一样的结局。她也确实是后来居上，最终用“金玉良缘”打败了“木石前盟”，嫁给了宝玉。

生 2：黛玉《唐多令》里“草木也知愁，韶华竟白头”两句正是她自己的写照。丝丝缕缕的柳絮和人蓬乱的白发真是很像。黛玉明明是妙龄少女，却总是心事重重，虽然一头青丝没有真的变作白发，但却对“死”有了预见。这辈子“谁舍谁收”？柳絮哪里能给自己做主，柳絮的归宿就只有东风了。

宝钗《临江仙》的最后两句“好风频借力，送我上青云!”真是把自己的野心表露得太直白了。在贾雨村还没有考取功名的时候，他说：“玉在椟中求善价，钗于奁内待时飞”，跟宝钗的心境很像。宝钗虽然平日里待人一团和气，但是骨子里是有所求的。湘云说她写“东风卷得均匀”这句很出彩，这也真就是宝钗能写得出来，“卷得均匀”不就是平日里做人做事让人挑不出破绽嘛。“蜂团蝶阵乱纷纷”这句其实有点像在讽刺别的女孩儿，她们热热闹闹的都在忙活些什么呢，最后还是只有柳絮能直上青云。

(四)簪花配以梦中人

品赏过了《红楼梦》中的海棠诗与柳絮词，相信同学们一定对“人花相应”有了较为深刻的领会。花的色泽、花的形态、花的生存地点、花的开放时间等都可以和女子的形象进行勾连，有了这样的勾连，我们不仅对相应女子的形象有了更综合的把握，也能把其放在天地万物的更大坐标中去体察和关照，打破人与万物之间的壁垒，感受到人类生命与自然生命之间的契合，使我们的兴发感动有了更厚重的依托、更恒久的况味。

下面，就请同学们选择《红楼梦》中一位给你最多触动的女性人物，用一种花来比喻她，借此谈谈你对她的理解和评价。

● **学生分享**

生 1：李纨——梅花

李纨少年丧夫，此后便寡居抚子，本和大观园众姐妹一般的年纪，她却只能望赏花游园的少女而叹，继而默默低头。如梅花一般，盛开在深冬，在枝头迎着风雪顽强地绽放。分明年少，李纨却已如一株老梅般沉默，少有的与众女儿宴乐时，在“寿怡红群芳开夜宴”一回中，她抽到了梅花签，“霜晓寒姿”似是在赞她的忍、她的美丽。但当贾兰考中科举归家后，贾府新一年的春天到来，万物复苏之际，李纨却永远失去了她的青春。

生 2：王熙凤——罂粟花

王熙凤是《红楼梦》群芳之中极其耀眼的一朵，她和罂粟花鲜红的花瓣一样灿烂美艳。在大观园中，她满身锦绣，珠光宝气，恍若神妃仙子。她又极有聪明才智，在贾府里能八面玲珑，将一切事务处理得井井有条，和罂粟花一般多有用处。王熙凤是贾母喜爱的“凤辣子”，但她面善心狠，苛责下人，又背地干了不少伤天害理的事情。艳丽而含有毒性，正如同时为毒品和良药的罂粟花，危险却又摇曳动人。

生 3：贾元春——昙花

贾元春生于一月初一，本是极好的日子，但我却觉得她好似昙花。昙花盛放时极美，如同元春的美丽与高贵。昙花开于夜间，第十七回元春夜间省亲如同昙花盛开般宣告贾府鲜花着锦的鼎盛。难得一开的昙花，更如元春虽出场不多，但对于贾府极为重要，她作为身份高贵的封建婚姻“金玉良缘”的支持者，以赏赐礼物的方式宣告了自己对宝钗的选择。但昙花夜晚盛开，晨即萎谢，元春正值芳龄匆匆逝去，标志着贾府终于失去最大的靠山，和元春凋零的生命一起，不可挽回地落入了衰败的深潭。

生 4：贾探春——兰花

兰花与“梅、竹、菊”合称四君子，是高洁典雅的象征。《红楼梦》中塑造的探春才智双全、趣味高雅，与兰花的形象有异曲同工之妙。很难忘记我第一回读到“玉是精神难比洁，雪为肌骨易销魂”一句时的震惊，其思想格局之大令人叹服，实有君子之风！探春虽生长在封建社会的大环境中，却能如兰花一样雅洁。贾府虽然给过她一时的锦衣玉食却终护不了她一世，故以兰花遥忆探春。

生 5：贾惜春——曼陀罗

惜春是贾敬的女儿，贾敬生活靡乱，为惜春所恶。她曾道：“凭什么我清清白白的一个人，倒叫你们给带坏了？”白色的曼陀罗花清洁高雅，就像惜春对自己清白的看重。也因此，惜春从心底厌恶荣宁二府的藏污纳垢，故她性情冰冷淡薄，常常与妙玉等人交往，希望能摆脱尘世出家，如同和佛教颇有联系的曼陀罗。《广群芳谱》引《法华经》曰：“佛说法时，天雨曼陀罗花”。白色的曼陀罗是寺中常种之花，贾府没落后，惜春真正看破红尘遁入空门，如曼陀罗花一样，从此常听佛音，常伴佛前。

生 6：香菱——荷花

“出淤泥而不染，濯清涟而不妖”是《爱莲说》中周敦颐对于荷花的描写，其喜爱之情跃然于纸上。香菱幼时被拐，几经颠簸落入薛蟠之手，常被殴打、辱骂，人生中唯一快乐的时光便是被送入大观园与众姐妹在一起的时候。苦难的一生便如同荷花下的淤泥，始终纯真善良的香菱便如绽放的荷花。香菱出身优渥，在学诗过程中也曾提出独到的见解，想出不俗的词句，足以见得香菱蕙质兰心，但是却因命运造化落得凄惨下场，怎能让人不痛心疾首。仅以荷花喻香菱，愿来世能够幸福平安。

生 7：晴雯——红玫瑰

在我看来，红玫瑰象征着热烈与勇敢。晴雯的判词中有一句是“心比天高，身为下贱”。本是奴仆却不曾卑躬屈膝做小伏低，对谁都是牙尖嘴利不饶人，这是她的热烈、她的“勇”；对朋友她两肋插刀——病补雀金裘无怨无悔，对封建她嗤之以鼻——抄检大观园宁死不屈，这是她的敢爱敢恨。因此，我将晴雯与红玫瑰作比。晴雯最终惨死，在我看来是一种解脱。有强烈的反封建意识，却脱胎在封建社会中，既改变不了社会的现状，也给自己招致了极大的痛苦，所以死亡对她便是一种解脱。短暂的一生，有如红玫瑰一般绚烂、热烈，因此以红玫瑰喻晴雯。

博雅讲堂

物我合一：作为一种文化传统和生命态度

中国古典诗歌以意象抒情，使用的意象往往都是自然界有生命之物，《红楼梦》中的女儿们咏棠咏菊成己歌，承接的便是一个古已有之的艺术和文化传统。在中国的文化传统里，人与自然万物从来不是割裂的，如若我们仅把自然万物当作与己无关的他者，我们与万物之间便没有联系，我们的生命也就得不到万物的滋养。

还记得庄子梦中的那只蝴蝶吗？它穿过几千年的岁月翩跹而来，传递着一份中国人深谙的浪漫。《庄子·齐物论》中说“不知周之梦为蝴蝶与，蝴蝶之梦为周与？周与蝴蝶则必有分兮？”在中国人的观念里，没有决然的物我之分，人生的最高境界恰恰在于心与物的融合、人与世界的融合，反映在美学上“认为审美即是外在世界对主体的感发和主体对世界的感应。这种审美主体与对象主体的双向交流和契合无间，直接形成了一种心物一体、主客不分、物我两忘的物化思维特征。”①

陆机在《文赋》中说：“遵四时以叹逝，瞻万物而思纷；悲落叶于劲秋，喜柔条于芳春。”四季轮转之中，岁月流逝不居，瞻观万物之时，己心若合一契。陆机说的是文，亦是生活，有真正的生活，方有真正的文章。沿着中国文学的长河逆流而上，我们会抵达那个“思无邪”的地方。

(一)《诗经》中的桃花与桑叶

诗经·桃夭

桃之夭夭，灼灼其华。之子于归，宜其室家。
桃之夭夭，有蕡其实。之子于归，宜其家室。
桃之夭夭，其叶蓁蓁。之子于归，宜其家人。

《桃夭》是《诗经》三百零五篇里的第六篇，以盛放的桃花写青春美嫁娘。随着时间的推移，桃花会化作甜美的桃子，就像女子会在婚后添丁生子；桃花会见证桃叶的逐渐浓密，就像女子会令家族和美兴旺。没有绮丽的修饰，没有繁密的架构，只需将桃花与女子交叠在一起，自然而然地呈现出生命间的相似，是不是就足够动人？

以花来喻世间女子，固然妥帖恰切，而自然之中，生命何其纷繁，与女性相似的又何限于花。

诗经·氓

氓之蚩蚩，抱布贸丝。匪来贸丝，来即我谋。送子涉淇，至于顿丘。匪我愆期，子无良媒。将子无怒，秋以为期。

乘彼垝垣，以望复关。不见复关，泣涕涟涟。既见复关，载笑载言。尔卜尔筮，体无咎言。以尔车来，以我贿迁。

桑之未落，其叶沃若。于嗟鸠兮，无食桑葚！于嗟女兮，无与士耽！士之耽兮，犹可说也。女之耽兮，不可说也！

---

① 李有光：《论中国美学物化思维的艺术表现及其文化根源——兼及物化思维与心化思维之关系》，《理论学刊》，2009年第1期，第123页。

桑之落矣，其黄而陨。自我徂尔，三岁食贫。淇水汤汤，渐车帷裳。女也不爽，士贰其行。士也罔极，二三其德。

三岁为妇，靡室劳矣。夙兴夜寐，靡有朝矣。言既遂矣，至于暴矣。兄弟不知，咥其笑矣。静言思之，躬自悼矣。

及尔偕老，老使我怨。淇则有岸，隰则有泮。总角之宴，言笑晏晏，信誓旦旦，不思其反。反是不思，亦已焉哉！

《氓》中的女子娓娓叙述着她与男子相识相恋的故事，渴盼的泪水与欢笑都那样真切，梦寐以求的婚姻终于缔结。婚后的她，也许日日从事着养蚕缫丝的辛苦劳作，悠悠岁月中，门前的桑树是陪伴者，亦是见证者。

女子睹桑而思纷。在桑叶翠绿繁茂之时，她正经历着婚后的幸福时光，桑树甜美的果实如同美好的爱情，让她沉湎其中，难以自拔。那时的她也如同桑叶一般，尽显青春的光泽。秋来桑落，时移世易，枯黄的桑叶正如被不幸生活折磨得形容枯槁的自己，抬眼望去，满树苍黄的桑叶必定深深敲中了她的心怀。桑绿桑黄，青春飞逝；桑沃桑陨，幸福弥消。桑树与女子已融为一体，千百年后的读者亦会为之动容。

再如《诗经·隰桑》中写“隰桑有阿，其叶有难。既见君子，其乐如何。隰桑有阿，其叶有沃。既见君子，云何不乐！……心乎爱矣，遐不谓矣？中心藏之，何日忘之！”女子不停咏赞婀娜繁茂的桑树，那万千的绿意尽是见到所爱之人时的欢喜，阳光打在满树桑叶上所摇曳的光泽，便是女子心中悦动的快乐吧。可是，当无法见到所爱之人时呢？那万千碧绿的桑叶便是绵绵无尽的思念，叶片无有静止时，思念无有停息时。桑之繁茂，是爱之丰盈，诗中如桑的女子是何等鲜活。

(二)陶诗中的南山与孤松

《诗经》以降，作为艺术手法的“比兴”逐渐式微，但作为文化传统和生命态度的“比兴”却一直活着。魏晋之际，名士常在山水中寄托生命感怀，在陶渊明的笔下，“物我合一”绽放了最动人的光彩。

饮酒(其五)

陶渊明

结庐在人境，而无车马喧。
问君何能尔？心远地自偏。
采菊东篱下，悠然见南山。
山气日夕佳，飞鸟相与还。
此中有真意，欲辨已忘言。

饮酒(其八)

陶渊明

青松在东园，众草没其姿。
凝霜殄异类，卓然见高枝。
连林人不觉，独树众乃奇。
提壶挂寒柯，远望时复为。
吾生梦幻间，何事绁尘羁。

在《饮酒(其五)》中，有千古名句“采菊东篱下，悠然见南山”。这个句子的魅力究竟何在？从翻译的角度来讲，可以有两种译法，一是“我在东篱下采菊花，悠然地望见了远处的南山”，二是“我在东篱下采菊花，望见了远方悠然的南山”，到底是人悠然还是山悠然？悠然的是山也是人，物我难分，物我为一。在这样一个无心的刹那，陶渊明不经意地与南山对望，并在这一眼中感受到了彼此生命的强烈共鸣。南山立于天地之间，无所求取，与日升日落为伴，悠然淡远。俗世喧喧，俗尘累累，在人世中被捆绑多年的陶渊明，经过长久的挣扎，终于以一颗赤子之心突破了“形役”，与天地万物同往来，在夕阳中静穆安然的南山身上看到了自己，看到了永恒。陶公说“此中有真意，欲辨已忘言”，是生命之间灵魂共振的时刻，是生命之中难得一遇的懂得，超越了理性的范畴，自然无法确切地诉诸言语。

在《饮酒(其八)》一诗中，陶渊明又与孤松建立了生命的关联。东园草盛，几乎淹没了青松之姿，可众草终究无法承受凛冬之寒，霜雪催逼之时方见青松高节。可是，这棵青松没有自己的同类为伴，没有茂密的松林为家，它孤独地立于天地之间，使众人啧啧称叹。陶公忍不住去亲近这样一棵树，将酒壶挂在寒枝之上，想必心中也很想邀它一同把酒论道吧。而在来东园前，陶公亦会时时远望这棵孤独的寒松，哪怕只是远远地望见，也能得到一些共鸣的安慰和力量。诗的结尾处陶公感叹生命何其有限，不必让自己陷于尘世罗网之中，这也是说给孤松的贴心话吧。

(三)杜诗中的沙鸥与春燕

物我相类，人感物而起情。唯有最自然的抒发，方能成就最纯粹的诗作。再工整的形式，再严格的韵脚，都不该框住“物我合一”之时真情的涌动。若论对格律最苦心的经营，怕是非“诗圣”杜子美莫属。“诗圣”一生杰作无数，可惜由于语音的流变，我们现在已经很难再完整体会到其中“沉郁顿挫”的音节。好在，山川草木仍在，长天碧野不改，只要自然万物还生生不息，今人对于古人那些“物我合一”的作品就仍可共鸣。提到“诗圣”杜甫你会想到什么自然物呢？是不可逾越的高山，还是一只流离失所的小燕子？站在后人的角度，他像高山，而站在他自身的角度，也许小燕子才更贴切。

“安史之乱”后杜甫漂泊辗转于西南，引起他共鸣的不是展翅九万里的鲲鹏，不是长飞的鸿雁，而是处处做巢、飘零无依的小小燕子。

旅夜书怀

杜甫

细草微风岸，危樯独夜舟。
星垂平野阔，月涌大江流。
名岂文章著，官应老病休。
飘飘何所似，天地一沙鸥。

燕子来舟中作

杜甫

湖南为客动经春，燕子衔泥两度新。
旧入故园尝识主，如今社日远看人。
可怜处处巢居室，何异飘飘托此身。
暂语船樯还起去，穿花贴水益沾巾。

人们常常称赞“诗圣”的诗作无一字无来处，称赞他一蔬一饭之间不忘君王，不忘天下黎民，而以上两首诗恰恰与我们的固有印象不同。这两首诗的动人之处恰恰在于字里行间没有什么了不起的出处，全是诗人肺腑的声音，不激昂，不深沉，深情厚谊仍存，只不过全都送给了一只在天地间艰难求生的小燕子而已。这种感情在《旅夜书怀》中表达的还相对委婉，只以“飘飘”二字点染，但配上宏阔的天地，“飘飘”的凄楚和茫然被展现得十分确切。

《燕子来舟中作》不从技巧和概念出发，所有的语言都是平易的，娓娓道来，不去强化颠沛与苦难，悲怆之情却在燕子“穿花贴水”而去的时候化作了蒙眬泪眼。这种痛是隐忍的，是平凡的，是和万千黎民别无二致的，是和一只燕子相互融通的。

“可怜处处巢居室，何异飘飘托此身”，“可怜”二字将积聚的情感直呼而出，“何异”二字将燕子与自身的相似直接点破。处处为巢，终是徒劳，乱世之中，何置此身？诗人同情燕子，也为自己悲痛，但这悲痛却没有自怨自艾的成分。燕子本是旧相识，却并不能停驻，它有它的生计要奔忙，“穿花贴水”看似轻盈，却也昭示着力量的微弱。这场江舟之上的相遇，诗人与燕子只是彼此对望，你中有我，我中有你，物与我的界限已然不分明，燕子低飞而去，诗人低泣不语。当苦难已经成了生命的全部，又何来讶异，又何须声张？

杜甫的一生，对人世的悲欢离合和百姓的哀乐痛楚感受得真真切切，他的情不仅给了普天黎民，也给了万物生灵。他直面惨淡，直面凛冽，一一记取，落笔为诗，一草一木中都有他自己的影子。

由古典而现代，由文言而白话，中国诗已经经历了太多的变迁，但只要我们与自然的呼应不断绝，便一定就有“物我合一”的诗存在。这样的诗作也因其对自我的坦诚和对万物的关照具有动人心扉的力量。

从《诗经》中的“桑树”到陶渊明的“南山”、杜工部的“燕子”，再到曹雪芹笔下的如花女子，不同时代、不同身份的中国人串起了一条绵延不绝的情脉。纵观中国诗歌史、文艺史，“物我合一”的文化传统和生命态度使生命和艺术之间血肉相连，艺术不会沦为技巧的演绎，人的生命不会陷入孑然孤立。

当今的世界，正日益走向技术化和精密化，似是一台不停转动的机器。当我们身陷于琐事无暇走向远方的时候，当我们被物质主义和消费主义包裹得无法自由呼吸时，再翻开我们千年的文艺宝库看一看吧，读一读其中的人与自然，品一品其中的生命羁绊。须知，在当下很多中国诗人抛弃传统，开始写充满思辨、佶屈聱牙的所谓现代诗时，有一部分外国诗人正自觉走入中国的文化传统。别让我们的生命和自然万物渐行渐远，不要迷失了“回家”的路。

当代之声

品读红楼里的“人花相应”，领会文化里的“物我合一”，现在就让我们回到当下生活，将我们自己的相关阅读经历与生命感怀分享给同伴听吧。班里将要举办一次“万物不远，物我合一”主题阅读分享会，请围绕这一主题，推荐相关的文艺作品（含音乐、美术、影视等），并附以推荐理由。

师生荐文

（一）教师推荐

我推荐余秀华的《我爱你》一诗。“我爱你”是古今中外都在吟咏的主题，抛却形式与技巧，最根基的部分无非是说“什么样的我”“怎样爱”“什么样的你”。

在这首诗中，“你”被一笔带过，“你”与诗歌并驾齐驱，高贵优雅到再无须多言。“我”巴巴地活着，活的像一块干瘪的陈皮，“我”渴望花，渴望春天，但又深深地害怕着春天。“我”活在乡村，活在疾病之中，面对爱情的时候“我”是一棵稗子，是完全不同于稻子的野草，随着春天的延展，稗子会被无情地辨认，会被决绝地拔出。“我”在春天的这份提心吊胆可以写满一整本书。“我”的书只是一本关于农业的书，哪里有那么多的浪漫，只有永无止息的劳作，只有默默流淌的汗水和大地一样的沉默。

读着这首小诗，仿佛身处一望无际的稻田里，眼前有一棵稗子在春风中一动不敢动，可稗子却还是抑制不了自然而然的生长。什么时候会被农人看穿，是这一刻，还是明天？

(二)学生推荐

生1：我推荐汪曾祺的小说《大淖记事》。《大淖记事》中的主人公巧云命运悲惨，她幼年丧母，十几岁时，父亲又瘫痪在床，只能一个人挑起生活的重担。文艺作品里这种悲惨的故事其实挺多的，也有很多励志的成分。我喜欢这个故事主要是因为小说里一直有写到柳树。

父亲还在世的时候，巧云在家织席子，就坐在柳树下面。柳树的枝条是柔软的，随风轻拂，那时候温柔安静的巧云就像柳树一样。父亲去世后，巧云挑着担子去赚活命钱，让我感受到了柔弱中的刚强。柳树也是这样，看起来不是什么高大挺拔的树种，但其实韧劲很足，生命力很顽强。我总记得小说里巧云家门前那一排柳树，因为小时候我奶奶家门前也有一排柳树，每年入秋时都会被砍得光秃秃，只剩主干。我很担心它们会死，但一到春天它们又总会抽出很多新的枝条，年年如此，就那么默默地承受着、循环着。

夏天太阳特别毒的时候，我从奶奶家朝自己家里走就会往那一长排柳树的树荫下凑，柳树的叶子本来是那么细的，但是也能撑起阴凉来。我喜欢柳树，也喜欢巧云，有一种很亲近的感觉。汪曾祺的小说里有很多树呀、草呀、虫呀的意象，故事不复杂，读完了浑身却很舒服，能感觉到他是个热爱生活的人。

生2：我要推荐《我想我是海》这首歌。这首歌发行至今已有20多年，但歌词写得很好，让我总能想起来。一般人说到大海就是用“广袤无垠”“胸怀开阔”这种词来形容，这首歌里的大海却是孤单又无奈。

歌里给大海加了一个限定，是“冬天的大海”。人们所喜欢的一般都是夏天的大海，海边的风景很美，还可以在海里畅游嬉戏。冬天的大海没什么吸引人的地方，海边的风吹起来很冷，也就容易被人冷落。我想这首歌里写的可能是一个处在人生低谷的人，得不到身边人的安慰和支持，心里很烦闷，不顾天寒地冻跑到大海边。正赶上涨潮，他看到潮水就像是大海皱起的眉头一样。他心疼大海，用朝海里扔小石头的方式跟大海打招呼。海浪涌动得更猛烈了，好像是大海在回应他。他跟大海打招呼，可是谁又来跟他打招呼呢？他明白大海的惆怅和无奈，可谁又明白他的无奈？无论如何，这世上总有冬天的大海和自己是那么相像，此时此刻大海便是唯一的知己。

偶尔感到失落的时候我就会听这首歌，有时也会唱，因为这首歌我很想亲自去看看冬天的大海。

生 3：我要推荐《玫瑰少年》这首歌。这首歌是为遭受校园霸凌致死的叶永鋕所作，旨在呼吁停止校园暴力以及尊重生命多样之美。

歌曲在取名时给少年加了“玫瑰”的限定，玫瑰是热烈鲜艳的，而少年是具有勃勃生机的，以玫瑰描摹少年凸显出少年之美。玫瑰的另一特点是带刺，玫瑰的刺有如每一个少年身上独特的性格与生命经历。对待玫瑰，我们不能拔掉它身上的刺，应该“只可远观而不可亵玩”，让玫瑰自由地生长在阳光雨露之下。温室中屈从的玫瑰不是真的玫瑰，扎根在大地上，穿过重重荆棘的玫瑰才是真的玫瑰。让玫瑰绽放吧，纵使花叶会被吹落，也要以盛开后的美丽反击曾经遭受的苦难。“你的控诉没有声音，却倾诉更多的真理，却唤醒无数的真心”是创作者最真挚的心声，即便你受尽欺凌，委屈地离开了这个世界，也总会有人替你寻得真理。悲痛欲绝永远制止不了下一场悲剧，唯有痛定思痛才能尽量避免。每当受到挫折想要放弃时，我都会听这首歌。这首歌让我知道每一个人都有绽放的权利，我也不例外。勇敢地绽放吧，少年们！

笔落抒怀

阅读是为了更好地生活，经由他者最终滋养我们自己的生命。读过了他人的文字，评说了他人的人生，你是否也有自己的生命感触，有自己与万物的故事想要分享？

就让我们敞开心扉，聊聊自己，说说那些自己与万物共鸣的时刻，说说心中那些经久不息的感怀。

师生感悟

(一)教师个人分享

春天的十字路口

这个春天，我记着喜鹊衔着春枝飞翔的样子，那长长的尾巴划过早春淡蓝色的天空，把带着花香的气流扫到我面前。我不由得驻足，感叹自己与万物一齐孕育着新的生命，彼此呼应。

每天行走在单位与家之间，总共六七分钟的路程，中间过一个十字路口。

从小区出门到十字路口这一段，路两边种的是槐树和泡桐树，开花、抽叶都较晚，迟迟不见春色挂于枝头。过了十字路口到学校这一段，路两边种的是玉兰和桃树，再往前是杨树、柳树、爬山虎。

白玉兰开得最早，虽然都是小树，却开得异常丰盈。记忆里每次望去都是风正吹过，瘦弱的枝干托举着饱满的花朵，花开得密，兜着风，稳稳地摇啊摇。我总是一瞥而过的，不曾让目光落进玉兰花深处，因着玉兰太过端庄，长久的注视会唤起我的自卑感。路过必有也只有一瞥，这是我对玉兰赞美的方式。

玉兰花之后，是桃花开放。我本不喜欢这条路上的桃花，颜色太过浓烈，显得俗艳，花朵过于紧凑，感觉局限。或者“不喜欢”的真正原因是桃花透露出的感情太饱满太大胆，炽热燃烧着，让我没有勇气接过。可经不住这花朵的执着，当孟夏来临，爬山虎将学校操场的铁丝网裹成绿色，桃花竟还开着。当桃树上绿叶繁多，桃花也未曾坠落，衰败中不曾有过颓唐之色，从来镇定自若。直到桃叶油油地招摇，直到桃实在枝头羞涩，我才开始怀念起那一簇簇俗艳的花朵，怀念起蜜蜂在花朵间欢歌。

柳絮飘飞的几天，真如大雪。我在晴光里跋涉，“飞雪”将我拥围。天地之间，密密匝匝，插得进叹词，插不进形容词。柳树的孕育充满悲壮感，愿像大雪覆盖土地，何计南北东西。

去年春天，从小区出门到十字路口这一段，泡桐花盛，惊艳了暮春。今天的泡桐花疏疏落落，不知为何减损了芳泽。读大学的时候，喜欢泡桐花，因为在泡桐身上看见了自己。大学校园里的泡桐树非常高大，泡桐花开在树尖，得仰着头才能看见。花开得太高了，往往花落满地时才引起人们关注。那时的自己有些孤芳自赏的味道，只想努力伸展，开在云霄才好，至于有没有人欣赏，则并不介怀。那时除了泡桐花，我还喜欢冬季高楼顶上未被沾染的雪，喜欢寒夜里栖迟于枯树上眸子闪亮的乌鸦。现在我所住的小区楼下亦长着泡桐，只是高度仅介于两三层楼之间，开出的花朵适合人们接近，少了孤傲的味道，多了烟火的熏陶。

怀孕之后，家里开火做饭的时候多了，过日子的味道也越来越浓，我与丈夫从拉着小车去超市买菜，“进化”到拉着小车去早市买菜，早市的菜和水果更新鲜，因为比去超市的路程远，也方便一路上说说笑笑。

等下一个春天来到，我们已是为人父母。哪里的春天都有路，哪里的十字路口都是四面繁忙。差点忘了说，现在我最喜欢的花是紫叶李，走过十字路口再转向小巷子里的路边有几株。紫叶李的花朵小小的，花瓣薄薄的，花色白润晶莹，小小的花开在浓密深沉的叶子中间，若隐若现。我实在是爱着这一份低回婉转、清扬通透。

(二)学生写作交流

我与云朵做个伴

曾几何时，我愿我是一朵云，一朵飘在天上的云。

生活的压力如海浪，一波未平一波又起。埋头在这片海洋中，久而久之，变得头晕眼花心烦意乱。总是在抬头的一刹那，看到云卷云舒，听到微风掠过树叶，嗅到幽幽的花香。我知道这是自然的力量，为每一个困顿不安的人送来希望，熬过一重又一重的海浪。在无数的刹那，那自如的云惊艳了我的时光，久久不能忘怀。

云作为自然的使者，变幻着形态，向人间传递问候。我作为生命的使者，生长着变化着，感悟自然的伟大。云不会离开天空，我不会离开土地。它在转瞬间尽览大地的芳华和人间的喧闹，展露自然的伟大。我在漫漫的岁月长河中，于某一天慨叹十几年光阴如梭，咂摸着回忆的酸甜苦辣，自感人之于时间与自然的渺小。所以我愿我是一朵云，能不受人间诸多因素的牵绊，于点滴间得以无拘无束地飘荡在天空之上。每当我望向天上的云，默默地吐诉着心中的疲乏，那一刻，我与它有了心灵的共颤。丝丝缕缕的风是我们之间的联络，一颗焦躁的心与灵魂不再，我仿若重获新生一般。

现在，我愿我是一朵浪花，与云朵做伴。

早先，我无法接受自己成为一朵浪花的命运，所以总是做着春秋大梦，幻想能够在未来的某一天成为改变时代的大人物。几经打磨，我终究发现，我并不是一块美玉，只是一块普通的石头，就算有巧夺天工的工匠来雕琢也成不了举世闻名的玉器。所以，我无可奈何地接受了自己的普通。“真的要变得平庸吗?”我无数次拷问自己，也和好友探讨过这个难题。

来自未来的风吹拂过我的脸颊，温和的、凛冽的、湿润的，扰动了发丝，搅乱了心中所想。抬头望向漫天的云，我期盼着它能够如以前一样给我带来答案。它们如拼图一般盖在了天空之上，那蔚蓝色透过云的缝隙伴着阳光洒向大地，澄澈祥和。漫天的云架起了我心中的一片天，让我拥有了久违的踏实与平静，得以耐心地思考。

“我愿做一朵精神上不渺小的浪花”，这是我的答案。

我只是时代浪潮中的一朵浪花，但我并不是渺小的那一朵。我是一朵有理想的浪花，能够实现自己的理想就不会渺小；我是一朵有思想的浪花，能够利用自己的所思所想做出贡献就不会渺小；我是一颗有生命的浪花，能够在有限的生命中做出对后代有益的一件事情就不会渺小。我愿做一朵精神上不渺小的浪花！

一如苏东坡所言“莫听穿林打叶声，何妨吟啸且徐行”，就让我与云做伴，且探究竟！

（2019级　邹孟菡）

大　雨

入夏，多雨。

阴阴黑云蔓延，渐渐裹挟阳光不见。随着第一滴雨落在我的窗檐，嗅闻空气中的清凉草木气息，我想，这会是一场大雨。

石上的青苔还泛着新绿，便又一次浸入了雨中。套上凉鞋出门，我掩饰着我的急不可耐，差点忘记听从父母的嘱咐拿上伞。

淅淅沥沥，我撑着伞静默地走在雨中，路上多是忘带雨伞的行人，只是小雨，而他们却惊慌地用尽一切掩护着自己。我想他们或许正在埋怨，但我的耳边除却雨声再听不到其他。偏离了道路，我深一脚浅一脚地步入草丛，化为洗涤翠绿的倾听者。

雨在变大，雨在冲刷，从我的伞上流下，刷去了无数愤怒和咒骂，筛选出与它对话的人。现在的我是否像雨？不是春日的细雨绵绵，不是秋日的阴雨森然，而正如我不愿像别人一样躲雨一般，像夏天的暴雨一样热烈地倾倒而下，向周围、向一切表抒我的爱与怨，毫不掩饰情感。

我蹲下，想要抬头探索雨的来源，却只看到伞的内衬，低头看向大地，无数青草因雨的威压而倒下，空有抬头的权利，却只能匍匐。这暴雨中的青草，不敢抬头，不敢探究。在大雨降临的一刻，我收起了伞，漫无目的地跑动着，雨点毫不留情地砸在我的身上，催动我的体温上升。手握住湿润的草叶，我在像泥土一样沉眠，我听到雨打在青砖与叶片上声音的不同，轻轻重重地聚拢在我的耳边。因为不敢退后，所以我努力地热烈，但当情感浓郁到甚至要将我淹没时，我宁愿自己像以前一样，只是雨中摇曳的青草。

两年前的我，不敢期盼，不敢发言，但又深深向往着温柔热烈的情感，于是我只倾听，尝试对话又在对话中匍匐，像雨中的青草，像我手中的草叶。

如同曾经羞涩的我，太多人爱着雨，他们隔着窗看雨，以笔触吻雨，于檐下望雨，他们的喜爱精致而隔着一层纱雾。现在的我深深地享受融入大雨，大雨激烈地奔腾，像在热切地呼唤我。雨打在脸上便看不出我是否有泪，而此刻几乎所有的人都遮挡着眼。此刻，我脱离了曾经的我，但我知道我永远不会摒弃我的过去，只是一直在上升，在成长。

大雨是我自我释放的媒介，大雨是与我对话的友人，如被雾笼罩的高楼与树木，被大雨借着风拍打和摇动，让我的眼逐渐聚焦。我在青草的怀中窥见了真实的自我，尽管我知道这也只是我暂时的本质。我再度闭上眼，是感激也是致敬，躺在万千小草的怀抱中，仰头做出拥抱天空的姿势，无声地向大雨表白。

一场和大雨的舞会，只有小草，没有观众，但整个雨中的世界都是我们的舞台。

滂沱大雨渐歇，我如梦初醒，灵魂一步一步向下沉淀，回归我的身体。我拾起伞，匆匆步入楼门。窗外已是云开光明，托着露珠的青草格外清丽，我也又回到了书桌之前。一场雨后，我还是我，依旧要按着生活的轨道前进。

只有发梢上垂落的水滴在提醒我，我从心底期望着一场大雨。

（2019 级　**雷嘉仪**）

【结语】

同学们以带着生命呼吸的笔触书写天上的白云、海中的浪花、淋漓的大雨、低伏的青草……在与自然生命的对望中不断地认识着自我。

从与青天之上自在无拘的云朵共鸣，到与汪洋大海中平凡渺小的浪花共鸣，昭示了成长中的思索与蜕变。在不同的人生阶段，因为自我生命状态和生命特质的不同，我们在大自然中所找到的“知己”也是不同的。然而，过去、现在与未来的自我，也并非是全然割裂的，成长中有变也有不变，人并非只有一面，这正是生命的复杂与可爱之处。

在与自然万物的映照中，我们既深入认识了自己，也该学会欣赏和接纳与自己不同的人、尊重不同的生活方式。天地万物多姿多样，正是因为这种多样，方才成就了大自然的美丽和生生不息。在漫漫人生路上，愿同学们都能活出精彩的自我，不为自己与众人不同而过分苦恼，也不因他人与自己不同而“刀剑”相向，子曰“君子和而不同”，其赞许的正是这样的通达与包容。

人与社会篇

——生命的自处

一、千古亲亲之爱

你是否曾为母亲的唠叨伤透脑筋，却又无法抗拒那双手递来的温热牛奶？你可曾注意到父亲伸手将你裤腿上的灰尘拍去，却不发一语？你可有在蔓草丛生的夏日，与兄弟姐妹牵手漫游于溪边，一同回望儿时的欢愉？你可曾在陷入困顿时，接到家乡亲友打来的电话，听到那一头声声的宽慰与支持？

有哲人曾说，人是情感的存在。人类在拥有思想之前，胸中积蓄的，是层层情感的涟漪。情感的牵绊是人与人之间最美妙的关联。而在人与人之间各种复杂的情感关系逐渐明晰而确凿之前，人与社会最初的联结——血肉相连的亲情——便早已成为最重要且坚实的纽带，横向纵向，积聚成人与人之间最强力而永恒的脉搏。亲亲之爱融合在与亲人的相伴相处的分秒之中，横亘千载，看似平淡寻常，却情深似海。

在本部分中，我们将一起感受《红楼梦》中人物的亲亲之情，也进一步发掘亲情与世俗礼法之间的纠葛缠绕，从而探寻亲亲之爱的理想样貌。

红楼讲堂

品读红楼情缘，体味亲亲羁绊

《红楼梦》是曹雪芹用自己的血泪创造出的大千世界，在小说开篇，作者便开宗明义：此书“大谈情旨”。作者将胸中之情灌注于小说的字里行间，而对亲情的书写亦是阅读本书时不可忽略的部分。谈及《红楼梦》中的亲亲之爱，你也许会想到贾母与宝黛的慈亲，宝玉与探春的兄妹情，也许会想起贾政与宝玉的父子纠葛，探春与赵姨娘的嫡庶牵绊……在本部分的“红楼讲堂”中，让我们细细体察小说中温情款款的孝慈之爱，探究在时代礼制和世俗规约背景下亲情的复杂样貌。

(一)慈语温言脉脉含

谈到《红楼梦》中最具长幼温情的一幕，大家也许会想到黛玉进贾府初见贾母时，那一场令人动容的血亲相惜。在小说《第三回　贾雨村夤缘复旧职　林黛玉抛父进京都》中写到黛玉“方欲拜见时，早被他外祖母一把搂入怀中，心肝儿肉叫着大哭起来”。这位“鬓发如银”的老人，平日里少不了儿孙绕膝的天伦之乐，但见到未曾谋面的外孙女，依旧如此爱惜和感伤。这一声“心肝儿肉”，这一场大哭，除了对外孙女的疼惜，还饱含了对自己最疼爱的小女儿贾敏离世的难舍和悲痛。贾敏嫁入林家，与母亲本就难以相见，如今竟天人永隔。见到眼前这与女儿气韵相似的孤女，贾母心中怎能不回想过往的母女记忆，怎能不汹涌起对女儿的万千不舍？因此，在黛玉进入贾府之后，贾母对她百依百顺，倍加照抚，体贴之处甚至不亚于对待宝玉，而这一切，都源于这自然而然的、无条件的、血浓于水的亲情。

在小说《第五十七回　慧紫鹃情辞试忙玉　慈姨妈爱语慰痴颦》中，薛姨妈与薛宝钗的母女深情也展现得淋漓尽致。书中写宝钗伏在薛姨妈怀里说话，薛姨妈用手摩挲着宝钗，这一母慈女孝的感人场景被一旁的黛玉尽收眼底，难免想到自己无母照抚，便被惹出了一汪眼泪。

下面，让我们重温这一片段，体味平日里的“冷美人”宝钗与母亲相处时的不同。

第五十七回　慧紫鹃情辞试忙玉　慈姨妈爱语慰痴颦（节选）

宝钗就往潇湘馆来。正值他母亲也来瞧黛玉，正说闲话呢。宝钗笑道：“妈多早晚来的？我竟不知道。”薛姨妈道：“我这几天连日忙，总没来瞧瞧宝玉和他。所以今儿瞧他二个，都也好了。”黛玉忙让宝钗坐了，因向宝钗道：“天下的事真是人想不到的，怎么想的到姨妈和大舅母又作一门亲家？”薛姨妈道：“我的儿，你们女孩家那里知道，自古道‘千里姻缘一线牵’。管姻缘的有一位月下老人，预先注定，暗里只用一根红丝把这两个人的脚绊住，凭你两家隔着海，隔着国，有世仇的，也终久有机会作了夫妇。这一件事都是出人意料之外，凭父母本人都愿意了，或是年年在一处的，以为是定了的亲事，若月下老人不用红线拴的，再不能到一处。比如你姐妹两个的婚姻，此刻也不知在眼前，也不知在山南海北呢。”

宝钗道：“惟有妈，说动话就拉上我们。”一面说，一面伏在他母亲怀里笑说：“咱们走罢。”黛玉笑道：“你瞧，这么大了，离了姨妈他就是个最老道的，见了姨妈他就撒娇儿。”薛姨妈用手摩弄着宝钗，叹向黛玉道：“你这姐姐就和凤哥儿在老太太跟前一样，有了正经事，就和他商量，没了事，幸亏他开开我的心。我见了他这样，有多少愁不散的。”黛玉听说，流泪叹道：“他偏在这里这样，分明是气我没娘的人，故意来刺我的眼。”宝钗笑道：“妈瞧他轻狂，倒说我撒娇儿！”

薛姨妈道："也怨不得他伤心，可怜没父母，到底没个亲人。"又摩娑黛玉笑道："好孩子别哭。你见我疼你姐姐你伤心了，你不知我心里更疼你呢。你姐姐虽没了父亲，到底有我，有亲哥哥，这就比你强了。我每每和你姐姐说，心里很疼你，只是外头不好带出来的。你这里人多口杂，说好话的人少，说歹话的人多，不说你无依无靠，为人作人配人疼，只说我们看老太太疼你了，我们也洑上水去了。"

黛玉笑道："姨妈既这么说，我明日就认姨妈做娘，姨妈若是弃嫌不认，便是假意疼我了。"薛姨妈道："你不厌我，就认了才好。"宝钗忙道："认不得的！"黛玉道："怎么认不得？"宝钗笑问道："我且问你，我哥哥还没定亲事，为什么反将邢妹妹先说与我兄弟了，是什么道理？"黛玉道："他不在家，或是属相生日不对，所以先说与兄弟了。"宝钗笑道："非也。我哥哥已经相准了，只等来家就下定了，也不必提出人来，我方才说你认不得娘，你细想去。"说着，便和他母亲挤眼儿发笑。

◆ 教师解读

同学们初识宝钗，或许更会关注她在"小惠全大体"时的思虑周全，在金钏儿死后安慰王夫人时的冷漠圆滑，以及她那如"雪洞"一般简朴无趣的蘅芜苑……在众人的印象中，宝钗虽然只是十几岁的妙龄少女，但却给人格外老成稳重之感，在人前谨言慎行，在人后随分从时，时常让人忘了她的真实年纪。可读到这一回时，看到宝钗伏在薛姨妈怀里"挤眼儿发笑"撒娇的情态和言语，你会不会忽然觉得耳目一新？恍惚间觉得，啊！原来宝姐姐也只是一个在妈妈面前娇羞可人的小女儿罢了。

在黛玉流泪和嗔怪后，宝钗没有正面回应黛玉，而是转向薛姨妈说："妈瞧他轻狂，倒说我撒娇儿。"这一番言语，一来把话题撂给了薛姨妈，自己躲巧；二来也再次凸显了对母亲的依赖和有生母照抚的有恃无恐。往常人前的宝钗，想必会尽力宽慰黛玉，但此时却是"火上浇油"了。除了在《第四十五回　金兰契互剖金兰语　风雨夕闷制风雨词》中钗黛冰释前嫌，两人关系愈发亲密这一原因外，更重要的，便是在生母面前的松弛感。在薛姨妈面前，宝钗能够完全卸下平日在束缚规约之下老道独立的一面，将天真纯粹、"口无遮拦"的小女儿心性展露出来。

而从薛姨妈的角度来看，宝钗的这一表现也给了自己极大的宽慰。自己的丈夫已故，儿子薛蟠一事无成还四处惹事，唯有这小女儿贴心可爱，不仅能照料家事为母分忧，还能时常"开开我的心"，生活中便纵有多少愁怨，都可散去了。薛姨妈对宝钗亦“为之计深远”，先是为入宫选秀筹谋，后又为金玉良缘助力，一心希望女儿能有个好的归宿和前程。薛姨妈对宝钗关怀和付出，宝钗对薛姨妈体贴和依赖，好一对令人羡慕的母女。

黛玉一针见血地说宝钗“这么大了，离了姨妈他就是个最老道的，见了姨妈他就撒娇儿”，正点破了亲子之情中最感人的缘由。无论孩子年岁几何，多么成熟，如何能够在外独当一面，在自己的母亲眼中，他依旧和当年那个襁褓中的婴孩一样柔嫩可爱，需要母亲丰满的羽翼呵护照顾。而对于宝钗来说，在外人面前的老道成熟，甚至冷淡清疏，也只是进入社会关系之后逐渐培养起来的人格的一面。回到家中，依偎在母亲身旁时，她也许只想做回那个娇滴滴的小女儿吧。世人说得好：只要有父母在，我就能永远做个小孩，而这一切的爱意和温情，似乎不需要理由，只需要相连的血脉。

【讨论任务】

你在阅读小说的过程中，有没有关注曹雪芹笔下的长幼温情呢？在小说中任选一处令你动容的此类片段，结合你的生活体会，谈谈此处令你动容的原因。

● 学生分享

生 1：令我印象最深的长幼温情片段是小说第二十二回，文中写到，元宵佳节观灯猜谜的时候，“贾政朝罢，见贾母高兴，况在节间，晚上也来承欢取乐”。这个一向刻板的老夫子一来，晚辈们都噤若寒蝉，贾母怪他破坏气氛。贾政却一反常态地向贾母“撒娇”道：“今日原听见老太太这里大设春灯雅谜，故也备了彩礼酒席，特来入会。何疼孙子孙女之心，便不略赐与儿子半点?”在猜谜时，为讨贾母开心，贾政已知谜底还故意猜错。自己出灯谜的时候，却叫宝玉偷偷将谜底告诉贾母，让贾母一猜就中。准备的奖品也是别出心裁，很讨贾母欢心。平日里端方刻板的贾政，在自己母亲面前也展现出大孩子的一面，为使母亲开心，使出浑身解数，让人觉得感动。我的父亲也是如此，平日里严肃认真，但也会在爷爷奶奶面前讲笑话逗他们开心。我想这就是孝心的体现吧！

生 2：小说第四十一回中，写到宝玉孝顺王夫人的小细节：“宝玉先禁不住，拿起壶来斟了一杯，一口饮尽。复又斟上，才要饮，只见王夫人也要饮，命人换暖酒，宝玉连忙将自己的杯捧了过来，送到王夫人口边，王夫人便就他手内吃了两口。一时暖酒来了，宝玉仍归旧坐……”令我没想到的是，集万千宠爱于一身的“混世魔王”贾宝玉，在自己母亲面前竟然如此周到，他自己不爱喝暖酒，却知道要长辈喝暖酒养身，倖酒时，也将杯子直接送到王夫人口边，亲昵之情显而易见。古人说：“乌鸟私情，愿乞终养。”反观我自己，平日里做得远远不够，原以为自己和宝玉的性情很像，却没想到未做到宝玉的万分之一，惭愧得很。

(二)心意相通情更深

长幼之间的情感，往往是较为单纯而直接的，他们在血缘的纽带之下，形成了自然而然的依恋关系。这种依恋关系与生俱来，难舍难分。

而在兄弟姐妹间，情感关系就显得更为微妙。在《红楼梦》中，宝玉与探春虽不是一母所生，在外人看来也有嫡庶之别，但二人的兄妹之情可谓深厚。在第三回宝黛初见，宝玉给黛玉起表字“颦颦”时，探春便脱口而出“只恐又是你的杜撰”，对此，宝玉并未否定。可见探春对宝玉平日里旁引杜撰的喜好十分熟悉，不加假饰半开玩笑的对话，也展现了兄妹之间的亲昵无间。在第三十七回，写到探春想结成海棠诗社，第一个想到的便是兄长宝玉，并托翠墨将自己的花笺递送给宝玉。

下面，就让我们从这封才情不俗的《招宝玉结诗社帖》当中，去寻觅探春与宝玉兄妹情深的缘由，领悟兄弟姐妹之间的相处之道。

第三十七回　秋爽斋偶结海棠社　蘅芜苑夜拟菊花题(节选)

这年贾政又点了学差，择于八月二十日起身。是日拜过宗祠及贾母起身，宝玉诸子弟等送至洒泪亭。

却说贾政出门去后，外面诸事不能多记。单表宝玉每日在园中任意纵性的逛荡，真把光阴虚度，岁月空添。这日正无聊之际，只见翠墨进来，手里拿着一副花笺送与他。宝玉因道：“可是我忘了，才说要瞧瞧三妹妹去的，可好些了，你偏走来。”翠墨道：“姑娘好了，今儿也不吃药了，不过是凉着一点儿。”宝玉听说，便展开花笺看时，上面写道：

娣探谨奉

二兄文几：前夕新霁，月色如洗，因惜清景难逢，讵忍就卧，时漏已三转，犹徘徊于桐槛之下，未防风露所欺，致获采薪之患。昨蒙亲劳抚嘱，又复数遣侍儿问切，兼以鲜荔并真卿墨迹见赐，何痌瘝惠爱之深哉！今因伏几凭床处默之时，因思及历来古人中处名攻利敌之场，犹置一些山滴水之区，远招近揖，投辖攀辕，务结二三同志盘桓于其中，或竖词坛，或开吟社，虽一时之偶兴，遂成千古之佳谈。娣虽不才，窃同叨栖处于泉石之间，而兼慕薛林之技。风庭月榭，惜未宴集诗人；帘杏溪桃，或可醉飞吟盏。孰谓莲社之雄才，独许须眉；直以东山之雅会，让馀脂粉。若蒙棹雪而来，娣则扫花以待。此谨奉。

宝玉看了，不觉喜的拍手笑道：“倒是三妹妹的高雅，我如今就去商议。”一面说，一面就走，翠墨跟在后面。

◆ 学生解读

这篇《招宝玉结诗社帖》虽说是为了托宝玉一同结社而写的花笺，但其内容丰富，涉及写景、抒情、叙事、议论多种表达方式，骈散结合，用典清雅，集中表现了探春的“文采精华，见之忘俗”。

探春开篇提及自己前日生病的原因，是因为新霁后清朗如洗的月下美景让她觉得“清景难逢”，不忍错过，才在三更后外出赏景，偶感风寒。“采薪之患”本意是指病了不能打柴，这是自称有病的婉辞，文典出自《孟子·公孙丑下》：“昔者有王命，有采薪之忧，不能造朝。”这几句文辞清新，用语雅致。

正是因为探春卧病在床，才有后文所言宝玉“亲劳抚嘱”。而身为兄长的宝玉不仅亲自前去探望安抚，还多次派丫鬟小厮前去慰问探春，赠予新鲜荔枝和颜真卿的墨宝。“亲劳”“又复数”“兼”不仅表现了宝玉对探春病情的关切，也体现出探春对宝玉难以言表的感激之情。众所周知，探春擅长书法，又最喜颜鲁公的墨迹，在她的秋爽斋中，便挂有颜公的对联，宝玉以真卿墨迹相赠，正是投其所好，可见其对妹妹的了解和珍重。更有巧思的是，在第三十七回的后文中，作者对赠鲜荔枝一事做了补充：

> 袭人问道：“这一个缠丝白玛瑙碟子那去了？”众人见问，都你看我我看你，都想不起来。半日，晴雯笑道：“给三姑娘送荔枝去的，还没送来呢。”袭人道：“家常送东西的家伙也多，巴巴的拿这个去。”晴雯道：“我何尝不也这样说。他说这个碟子配上鲜荔枝才好看。我送去，三姑娘见了也说好看，叫连碟子放着，就没带来。你再瞧，那槅子尽上头的一对联珠瓶还没收来呢。”

宝玉不仅要给探春送新鲜可口的荔枝，还需得是用缠丝白玛瑙碟子装着，红白相映赏心悦目的才行，最后连碟子也一并送人了不曾要回。可见，宝玉送给探春的又哪里只是一份荔枝呢？宝玉不仅关心探春的身体是否舒适，还关怀探春的心情是否愉悦，对病人的体贴可谓是无微不至了。无怪乎探春不禁叹道：“何痌瘝惠爱之深哉！”“痌瘝”说的是宝玉见探春有疾，就如自己亲身患疾一般关怀备至。如此看来，探春所言毫无夸张了。

在表达感激之情和兄妹之谊后，探春开始引入结社一事。“思及历来古人中处名攻利敌之场”，但依然会在山水之间流连忘返，并与二三志同道合的好友吟诗作对，这虽然是一时的兴致，但却成为千古佳谈。“娣虽不才”是谦婉之辞，窃以为与先辈文人一样生活在大观园这样的美好的山水泉石之间，又仰慕宝钗和黛玉的才华，如此一来，诗社的结成既有典雅环境的地利，又有诗书才华的人和，再加上烂漫春日的天时，不结诗社反倒显得辜负了。

后几句是非常漂亮的骈言。“风庭月榭”“帘杏溪桃”具体勾勒大观园的清幽盛景，“惜未宴集诗人”“或可醉飞吟盏”表达心中对结成诗社、相互切磋的急切向往。“孰谓莲社之雄才，独许须眉；直以东山之雅会，让馀脂粉”四句，最能体现探春高远的志向和不俗的心性。“莲社”运用东晋时期白莲池结社的典故，“孰谓”“独许”直言此等雅事并非独属于男儿。“东山之雅会”也是用晋人的故事，讲的是谢安、王羲之等人相游属文。此等盛事，亦可为脂粉女儿所行。这四句，用反问的句式，气势不凡，既表现了探春巾帼不让须眉的气度，也宣告着大观园女儿们不输男儿的风流才华和高雅品性。读来意气风发，英姿飒爽，三丫头果然是“文如其人”!

最后，探春化用杜甫《客至》中“花径不曾缘客扫，蓬门今始为君开”的诗句，表达对宝玉到来和给予支持的殷切期待。

整篇花笺读下来，意脉顺畅，一气呵成，让人动容于探春和宝玉之间的深厚情谊，也敬佩于探春雅致高远的心气。

要说到此篇中对兄妹相处之道的启示，我觉得首要的应该是相互的了解、真诚的关怀，以及毫无芥蒂的相互帮助，就像宝玉关怀病中探春，投其所好，探春又以花笺表示感谢；而探春在想要结社时，第一时间也想到宝玉，并求助于他，这种真诚的无所顾忌的兄妹关系，才能深厚而长久。

◆ 教师解读

探春和宝玉可谓是小说中的模范兄妹了，他们之间的情谊不可谓不深厚，这不仅体现在第三十七回的结社花笺中。在第二十七回中，探春托宝玉帮忙在外带一些“朴而不俗、直而不拙”的玩意儿回来，并说之后给宝玉亲自做双鞋，比上一双“还加工夫”。而这赠鞋的事，也惹出了赵姨娘的不满和抱怨，因为在她看来探春对待同父异母的宝玉远超于对待同父同母的弟弟贾环。探春和赵姨娘、贾环之间的矛盾纠葛我们暂且不提，宝玉和探春之间的深厚情谊又是从何而来的呢?

首先，自然是与生俱来的血缘之亲。比起迎春、惜春，同父的宝玉与探春之间的关系自然更为亲近些。但更重要的，是二人之间的情真意切和志趣相投。宝玉探望病中的探春，送以“鲜荔并真卿墨迹”，投其所好，用心至极，可谓“惠爱”极深。探春在花笺中极尽感激之语，又托请宝玉帮忙结社，也体现了其心中对兄长的信任和依赖。兄妹双方的真情传递，一来一去，情感自然深厚非常。

此外，才情相合，志趣相投，也是宝玉和探春之间情感的重要基础。花笺中的言辞，兴利除弊的谋划，无不体现出探春在一众脂粉中的“英雄”风姿，她爽朗的性格、古拙高雅的审美意趣、诗文书笔的不凡才情、巾帼不让须眉的高贵志气，都令宝玉这个视女子为珍珠的男子格外敬佩和赞赏。此外，从探春托宝玉帮忙带玩意儿的话语中，我们也可以读出二人审美志趣的相投："像你上回买的那柳枝儿编的小篮子，整竹子根抠的香盒子，胶泥垛的风炉儿，这就好了。我喜欢的什么似的……""小厮们知道什么。你拣那朴而不俗、直而不拙者，这些东西，你多多的替我带了来。"所谓"朴而不俗、直而不拙"并不是简单常见的要求，这是需要一定审美基础的，因此小厮们并不懂，而宝玉自己挑选的"小篮子""香盒子""风炉儿"，乃至盛鲜荔枝的缠丝白玛瑙碟子，都正对探春眼缘，让她爱不释手。再看对结社作诗的向往，对大观园美景的欣赏，对钗黛二人才情的感佩，这些都是兄妹二人共有的志趣。而这些相互契合的志趣、相互欣赏的态度和相互应和的才情，在二人日常一言一语、一字一句的交流相处中传递碰撞，才让这对兄妹的心靠得更近了。

因此，在亲人的相处中，除了血缘的联结，情真意切、关怀备至的相处态度，才情相合、志趣相投的人格吸引，也是其中十分重要的因素。

(三)情礼纠缠实两难

自古以来，影响家族中亲情关系的因素往往不是单一的血缘之亲，这背后还有社会礼俗、名教礼法的纠缠。许多时候，亲人之间的感情会因受到礼法的规约而难以直接表露，还会因为社会礼俗的束缚而淡化甚至变质。下面，就让我们进一步探究小说中亲情和社会礼俗之间的复杂关系。

1. 从称谓的变化说起

在小说中，人物之间的称谓繁多复杂，有些场合中，人物常用表示社会关系的称谓替代表示亲属关系的称谓。如按照亲属关系，宝玉应称呼贾母为"祖母"，但大多情况下，多称呼其为"老祖宗"。

请在小说中挑选一处类似的称谓变化，结合小说内容谈谈你对这一现象的理解。

◆ 学生解读

生 1：我选择探春对赵姨娘的称谓。按照血缘关系，赵姨娘是探春的生母，探春应称呼其为"妈"或"母亲"，但事实上，探春却以"姨娘"相称。这是由当时社会的嫡庶之别造成的。探春虽为赵姨娘所生，但在礼教的名义上，她的嫡母应当是王夫人，而赵姨娘只是贾府的小妾，探春作为贾府的小姐，社会地位应在姨娘之上。因此，她并不在公开场合表达自己与赵姨娘的母女关系，而是用"姨娘"这一称谓强调自己与赵姨娘的社会等级区别。当然，探春也不称王夫人为"嫡母"，而是尊称“太太”，这背后，也是对社会关系的强调，体现了对王夫人的尊敬。

生 2：在小说中，凤姐是王夫人的侄女，本就是一家人，结婚后又成了侄媳，按照亲属关系，凤姐应称呼王夫人为“婶婶”或“姑母”，但在人前人后，凤姐始终称呼王夫人为“太太”。首先，凤姐与王夫人的亲属关系本就复杂，在王家，凤姐应称呼王夫人为“姑母”，而在贾府，凤姐称呼王夫人为“婶婶”则更为合适，但这两个称呼终究复杂纠葛，索性与贾府上下一样尊称其为“太太”更为妥帖。其次，按照贾府的规矩，尤其在公开场合，用强调社会关系的称谓会更显敬重一些，而凤姐又是个惯会奉承讨好、言语伶俐的媳妇，她总是称呼王夫人为“太太”，表示自己的谦卑与对王夫人的敬重。

◆ **教师解读**

在《红楼梦》中，用表现社会关系的称谓替换表现亲属关系的称谓是常有之事。在被称呼对象拥有一定社会地位的情况下，尤其是对比自己年长的亲属，一般用表现社会关系的称谓，就算是十分亲近的父亲、母亲、丈夫、妻子、祖母等也不例外。比如宝玉称呼贾母为“老祖宗”而非“祖母”，“老祖宗”是对家族中最年长者的尊称，这个人不仅是家族中的最高权力者，也是维系大家族情感关系的重要纽带，所以往往家中最年长的人去世，这个家族也很容易分崩离析。尽管贾母对宝玉极尽宠溺，但宝玉对贾母的称呼依然不改其规定。而宝玉对自己的父亲贾政往往也称呼其为“老爷”，这不仅是礼法规约的结果，也是父子二人之间疏离关系的体现。贾政对宝玉的管教可谓严苛，宝玉对贾政避之不及，生怕被他叫去问书。在贾母面前，宝玉尚可像个可爱孙儿一般撒娇，而到了贾政面前，宝玉便只能低头垂目，颤颤巍巍地说“老爷教训的极是”了。

但我们也会发现，在宝钗、薛蟠和薛姨妈的相处中，这种称谓转换的情况似乎并不常见。宝钗在与薛姨妈相处时，一直称对方为“妈”或“妈妈”，这是比“母亲”更加亲昵的称谓。除了母女二人之间的情感深厚外，更重要的原因是，“珍珠如土金如铁”的薛家虽然富贵，但毕竟为商人之家，并无多高的社会地位，因此不像贾府那样颇多讲究。

综上，从小说中亲属之间的称谓中，我们可以窥见当时社会中礼法等级对亲情表达的约束。而这样的情况，在钟鸣鼎食的官宦之家，表现更为突出。

2. 贾政与宝玉——严苛冷峻的父爱表达

贾政与宝玉是小说中作者着力书写的一对父子关系，大多数时候，贾政和宝玉的关系总是表现为父亲对儿子的不满和斥责，儿子对父亲的畏惧和逃避。在《第三十三回　手足眈眈小动唇舌　不肖种种大承笞挞》中，二人的冲突更是到达顶峰，贾政因为对宝玉在贾雨村面前的懒怠态度和其与蒋玉菡来往的不满，又听信贾环的诬陷，因此对宝玉大加笞挞，甚至差点打死宝玉。这样“严父”和“逆子”的父子关系在封建时代其实并不少见，而在小说中，贾政和宝玉父子对立冲突的根源是二人观念的相悖。贾政作为一个传统封建社会的男人，遵从礼教规则，看重仕途前程，希望宝玉求取功名，继承家业，光宗耀祖；而宝玉则展现出当世礼教叛逆者的姿态，无意于仕途经济，甚至对一心只求官俸之人心存鄙夷，他欣赏集真美善于一身的女儿们，整日在大观园玩乐，无心于学问和仕宦往来，“于国于家无望”。因此，宝玉所做的许多事，在父亲贾政看来都登不得大雅之堂，心中更是恨铁不成钢了。

小说《第十七回至十八回　大观园试才题对额　荣国府归省庆元宵》是贾政在宝玉面前展露笑颜次数最多的片段，在文中，贾政也表现出了鲜见的对宝玉的满意和赞许。让我们重温这个片段，细细发掘贾政在微小情态和言语字句中对宝玉的情感表达。

第十七回至十八回　大观园试才题对额　荣国府归省庆元宵(节选)

（片段一）

……贾政道：“我们就从此小径游去，回来由那一边出去，方可遍览。”

说毕，命贾珍在前引导，自己扶了宝玉，逶迤进入山口。抬头忽见山上有镜面白石一块，正是迎面留题处。贾政回头笑道：“诸公请看，此处题以何名方妙？”众人听说，也有说该题“叠翠”二字，也有说该题“锦嶂”的，又有说“赛香炉”的，又有说“小终南”的，种种名色，不止几十个。

原来众客心中早知贾政要试宝玉的功业进益如何，只将些俗套来敷衍。宝玉亦料定此意。贾政听了，便回头命宝玉拟来。宝玉道：“尝闻古人有云：‘编新不如述旧，刻古终胜雕今。’况此处并非主山正景，原无可题之处，不过是探景一进步耳。莫若直书‘曲径通幽处’这句旧诗在上，倒还大方气派。”众人听了，都赞道：“是极！二世兄天分高，才情远，不似我们读腐了书的。”贾政笑道：“不可谬奖。他年小，不过以一知充十用，取笑罢了。再俟选拟。”

◆ 学生解读

初读这一章回时，总是关注到贾政对宝玉的打压和否定，现在重读一遍，在老师的指导下，发现了一些细节。比如贾政让贾珍在前引导，自己“扶”宝玉的动作，让我忽然觉得不像是以往认知的贾政能够做出的，这一“扶”，可见贾政对儿子还是颇为关怀体贴的。

在宝玉第一次提出匾额句子“曲径通幽处”后，众人夸赞不已，贾政虽说道

“不可谬奖”，还指出宝玉只是“一知充十用”的“取笑”，但他“笑”的背后，其实是对宝玉表现的满意。“不可谬奖”等言辞，也颇有点自谦甚至得意的味道。就像别人在我爸妈面前夸赞我，我爸也要来一句：“唉，一般一般，还不知道以后怎么样!”摇手谦虚之后，脸上也是藏不住的笑意。

（片段二）

说着，进入石洞来。只见佳木茏葱，奇花烟灼，一带清流，从花木深处曲折泻于石隙之下。再进数步，渐向北边，平坦宽豁，两边飞楼插空，雕甍绣槛，皆隐于山坳树杪之间。俯而视之，则清溪泻雪，石磴穿云，白石为栏，环抱池沿，石桥之港，兽面衔吐，桥上有亭。贾政与诸人上了亭子，倚栏坐了，因问：“诸公以何题此?”诸人都道：“当日欧阳公《醉翁亭记》有云：‘有亭翼然’，就名‘翼然’。”贾政笑道：“‘翼然’虽佳，但此亭压水而成，还须偏于水题方称。依我拙裁，欧阳公之‘泻出于两峰之间’，竟用他这一个‘泻’字。”有一客道：“是极，是极。竟是‘泻玉’二字妙。”贾政拈髯寻思，因抬头见宝玉侍侧，便笑命他也拟一个来。

宝玉听说，连忙回道：“老爷方才所议已是。但是如今追究了去，似乎当日欧阳公题酿泉用一‘泻’字则妥，今日此泉若亦用‘泻’字，则觉不妥。况此处虽云省亲驻跸别墅，亦当入于应制之例，用此等字眼，亦觉粗陋不雅。求再拟较此蕴藉含蓄者。”贾政笑道：“诸公听此论若何？方才众人编新，你又说不如述古；如今我们述古，你又说粗陋不妥。你且说你的来我听。”宝玉道：“有用‘泻玉’二字，则莫若‘沁芳’二字，岂不新雅?”贾政拈髯点头不语。众人都忙迎合，赞宝玉才情不凡。贾政道：“匾上二字容易。再作一副七言对联来。”宝玉听说，立于亭上，四顾一望，便机上心来，乃念道：

绕堤柳借三篙翠，隔岸花分一脉香。

贾政听了，点头微笑。众人先称赞不已。

◆ 学生解读

在这一段中，贾政笑得更加频繁了，先是笑着命宝玉拟词，宝玉说完自己的见解后，贾政又笑着让诸公评赏，最后听完宝玉的拟词，“拈髯点头”的动作，把自己内心的满意表现得淋漓尽致，而后听完宝玉的对联，更是“点头微笑”以表赞许。耐人寻味的是，宝玉的回应实则在指出贾政所提“泻”字不妥，是在父亲的“同事”“下级”面前公开发表反对意见，贾政竟然也毫无愠怒，只是以笑回应，言语中并无丝毫嗔怒之意。可见宝玉别出心裁、不落俗套的“沁芳”之词和“绕堤柳借三篙翠，隔岸花分一脉香”的对联深得贾政心意，就算是青出于蓝而胜于蓝，作为父亲的自己面上有光，神态言语也温和了许多。这一段中，我们也可以从细节处品出贾政对宝玉的父爱，他的赞许可能并不是直露的，但蕴藏在细微神情中，也令人动容。

（片段三）

……贾政笑道：“这一处还罢了。若能月夜坐此窗下读书，不枉虚生一世。”说毕，看着宝玉，唬的宝玉忙垂了头。

众客忙用话开释，又说道：“此处的匾该题四个字。”贾政笑问：“那四字？”一个道是“淇水遗风”。贾政道：“俗。”又一个是“睢园雅迹”。贾政道：“也俗。”贾珍笑道：“还是宝兄弟拟一个来。”贾政道：“他未曾作，先要议论人家的好歹，可见就是个轻薄人。”众客道：“议论的极是，其奈他何。”贾政忙道：“休如此纵了他。”因命他道：“今日任你狂为乱道，先设议论来，然后方许你作。方才众人说的，可有使得的？”宝玉见问，答道：“都似不妥。”贾政冷笑道：“怎么不妥？”宝玉道：“这是第一处行幸之处，必须颂圣方可。若用四字的匾，又有古人现成的，何必再作。”贾政道：“难道‘淇水’‘睢园’不是古人的？”宝玉道：“这太板腐了。莫若‘有凤来仪’四字。”众人都哄然叫妙。贾政点头道：“畜生，畜生，可谓‘管窥蠡测’矣！”因命：“再题一联来。”宝玉便念道：

宝鼎茶闲烟尚绿，幽窗棋罢指犹凉。

贾政摇头说道：“也未见长。”说毕，引众人出来。

◆ 学生解读

到了这个片段，宝玉此前所受的赞赏已经很多了，也许贾政想要压一压他的傲气，所以先严厉地批评了一番，说宝玉“就是个轻薄人”“休如此纵了他”。果不其然，宝玉在听闻众人的屡次夸赞以及父亲的间接赞许后，似乎也有些轻狂了，出言也不似之前那样妥帖，直言“都似不妥”“这太板腐了”。如此一来，更令贾政不满，所以发出了“冷笑”，以警示宝玉不要在长辈面前失言，后又在众人的“哄然叫妙”声中大骂宝玉“畜生”。可是我们细细读来也会发现，贾政在斥责宝玉时，动作是“点头”，斥骂之后，又命宝玉“再题一联来”，可见他也想听听宝玉的妙解。所以实际上，贾政对宝玉的见解和作出的匾对都是非常满意的，要说不满，那就是宝玉不通世故的直白言辞和忘形态度了。

◆ 教师解读

本章回是展现贾政和宝玉父子关系极为精彩的片段，以往同学们在阅读这一回时，可能对贾政的迂腐刻板，以及他对宝玉的贬斥更为关注。但是在同学们细读之后也会发现，贾政对宝玉的看重和赞许隐藏在了字里行间，可见曹公的非凡笔力。

贾政和宝玉之间的父子矛盾由来已久，且有着思想观念上的根本背离。按照传统社会的习惯，父亲希望孩子读书上进、光宗耀祖，可以说是理所当然的。儒家“修齐治平”的观念早已经在千百年的流传中深入人心，成了不同时代、不同阶层长辈们对后辈的共同期待，但宝玉明显不符合这一标准，“爱之深，责之切”，贾政对宝玉的斥责也犹有根由。

除此之外，还有一个非常重要的因素：作为一个传统封建大家长，贾政对于亲情父爱的表达方式是像宝玉这一类晚辈难以接收到的。在中国传统社会中，“父亲”也是被塑造的一方。身为父亲，同时也是一家之主，无论在妻子还是孩子面前，必须有自己要树立的威严，他们需要时时处处以儒家礼法纲纪约束自己，循规蹈矩，不能儿女情长，而是要表现出符合正统礼教规范的“严父”形象。他们在与孩子相处时，并不是同大多数母亲那样慈眉善目，而是以严厉的管教和训斥为主要教养方式。因此，贾政对宝玉的父爱在时代社会的规约下只能是深含不露的，甚至被严厉的批评和斥责所取代，进而造成父子矛盾的不断升级。

也许在贾政的内心深处，也希望和宝玉能够父慈子孝，也渴望能向宝玉表达自己的关切和深情，但在礼法规约下，在家族未来的责任重担面前，贾政必须得摆出一副严厉不可亲近的模样，唯有将宝玉培养成一个可堪重任的继承者，贾府才能摆脱“一代不如一代”的局面，家族的未来才能有希望。

我们在阅读小说时，要有现代社会的批判眼光，也要学会回到历史现场，在历史大背景下揣摩人物，只有这样才能够真正走进人物的内心世界，理解曹雪芹描摹人物的用意和苦心。

3. 探春与赵姨娘——嫡庶有别的亲情退位

在小说的一众主角当中，要说母女关系最为紧张的，莫不过探春和赵姨娘了。二人之间最为激烈的矛盾冲突表现在《第五十五回　辱亲女愚妾争闲气　欺幼主刁奴蓄险心》中。本回中，凤姐小月，探春帮忙理家，在处理亲舅赵国基的丧葬费时，探春主张按照旧例只赏二十两银子，但这一举动激怒了赵姨娘，认为探春没有照抚自己的亲舅，赶来大闹一场。

从章回的标题来看，“辱”和“愚”的用词，似乎表现了作者在此事件中的立场，但不少读者在阅读本章回时，对探春不认亲舅的言辞有些不满，认为探春此举是极其无情和不孝的。下面，请同学们重读这个片段，谈谈自己的看法。

第五十五回　辱亲女愚妾争闲气　欺幼主刁奴蓄险心(节选)

赵姨娘没了别话答对，便说道：“太太疼你，你越发拉扯拉扯我们。你只顾讨太太的疼，就把我们忘了。”探春道：“我怎么忘了？叫我怎么拉扯？这也问你们各人，那一个主子不疼出力得用的人？那一个好人用人拉扯的?”李纨在旁只管劝说：“姨娘别生气。也怨不得姑娘，他满心里要拉扯，口里怎么说的出来。”探春忙道：“这大嫂子也糊涂了。我拉扯谁？谁家姑娘们拉扯奴才了？他们的好歹，你们该知道，与我什么相干。”赵姨娘气的问道：“谁叫你拉扯别人去了？你不当家我也不来问你。你如今现说一是一，说二是二。如今你舅舅死了，你多给了二三十两银子，难道太太就不依你？分明太太是好太太，都是你们尖酸刻薄，可惜太太有恩无处使。姑娘放心，这也使不着你的银子。明儿等出了阁，我还想你额外照看赵家呢。如今没有长羽毛，就忘了根本，只拣高枝儿飞去了！”

探春没听完，已气的脸白气噎，抽抽咽咽的一面哭，一面问道：“谁是我舅舅？我舅舅年下才升了九省检点，那里又跑出一个舅舅来？我倒素习按理尊敬，越发敬出这些亲戚来了。既这么说，环儿出去为什么赵国基又站起来，又跟他上学？为什么不拿出舅舅的款来？何苦来，谁不知道我是姨娘养的，必要过两三个月寻出由头来，彻底来翻腾一阵，生怕人不知道，故意的表白表白。也不知谁给谁没脸？幸亏我还明白，但凡糊涂不知理的，早急了。”李纨急的只管劝，赵姨娘只管还唠叨。

◆ 学生解读

生 1：要说前半部分探春对赵国基丧葬费的处理，我觉得是十分公允、无可指摘的，就算是暂时当了权，也不应该以权谋私。但是在后续探春与赵姨娘的对话中，我也发现了探春无情的不妥的一面。面对赵姨娘的“拉扯”之语，探春竟然回答“谁家姑娘们拉扯奴才了”“与我什么相干”，也就是说，探春把赵姨娘和赵国基看作奴才，自己则是贾府的小姐，完全不顾骨肉血亲之情，把关系撇得干净。“谁是我舅舅？我舅舅年下才升了九省检点，那里又跑出一个舅舅来?”更是体现出探春只认王夫人一边，对赵姨娘一边所谓的亲戚是不承认的。也难怪赵姨娘指责探春“只拣高枝儿飞”。虽说按照当时的礼法，探春是小姐，应该认王夫人作嫡母，但赵姨娘和赵国基毕竟是自己的亲妈亲舅，这样公然拒绝承认亲缘关系，还是让人觉得冷酷无情的。

生 2：我认为探春对待赵姨娘和赵国基的态度是情有可原的，不应该就此指责探春无情不孝。首先，探春所说的“拉扯奴才”，是在赵姨娘提出让探春以权谋私“拉扯”自己这边的亲戚之后，探春本就是一个刚正不阿、秉公办事的人，赵姨娘的话又说在众人面前，这不是让下人们看笑话甚至质疑这个年轻的当权者吗？所以探春的回击虽说确实有些冷酷，但只有这样，才可能让赵姨娘闭嘴，保全自己理家的威严。同样，“谁是我舅舅”的言辞，也是在赵姨娘指责探春“拣高枝”和希望探春“照看赵家”之后，赵姨娘一面贬损探春，一面又屡次表达希望探春多给赵家恩惠的愿望，让探春更加气愤和痛心。另外，探春真的完全不顾赵家的血缘之亲吗？我觉得也未必。探春说平日里自己对赵家都是“按理尊敬”，可见还是把对方当作长辈看待，虽然并不非常亲近，可也不违背长幼之礼，应该说是仁至义尽了。但是赵家得寸进尺，不断往探春伤口上撒盐，不仅如此，就如探春所言，赵国基自己也没能把自己当作长辈舅舅看待，像个奴才似的跟着贾环上学，难免不让人觉得这种举动就是想通过讨好贾环来获得利益。这种小人嘴脸，更让探春厌恶。所以我认为，探春在此情此景中，在积蓄已久的不满和忍辱负重下，在下人们面前，和赵姨娘的对话激烈一些也是可以理解的，不能就此认为她不孝。

◆ **教师解读**

探春和赵姨娘的母女矛盾，向来为红学家们争议讨论，就如同学们所言，这是个非常复杂的问题。我们不能仅从一句话、一件事来评判二人的对错，也不能仅站在个人的角度而不顾当时的时代背景。

按照当时的宗法制度，姨娘所生的孩子也应看作正妻的孩子。也就是说，姨娘在家族中连半个主子都算不上，而孩子也只是为老爷和正妻所生，自己是没有地位的。而从孩子的角度，应当将父亲的正妻看作嫡母。在小说中，我们看到探春与赵姨娘之间的关系并不亲近，这是由许多原因导致的。首先就是嫡庶之别，探春自小跟着王夫人，由王夫人的“精英教育”养大，和赵姨娘的相处时间不多，没有长久亲密的接触，母女之间自然也不够亲热。加上庶出之女的地位尴尬，也让要强的探春羞于提及自己的出身。在古代，庶出本就低人一等，可男子犹可拼搏上进，出人头地，但女儿家纵然优秀，也难以改变自己的地位，无论是在娘家还是议亲时，都会受到轻视。其次，也正是因为探春自小在嫡母王夫人身边养大，出落得才貌双全，其见识和心性早已和生母千差万别，而赵姨娘又是个“阴微卑贱”、见识浅薄、无理取闹的人，母女二人之间才更生嫌隙。

尽管探春对赵姨娘的态度有其冷酷之处，但我们也要看到，宗法礼教当中的嫡庶之别对血缘亲情的规约和影响之巨大。它可以让血缘之亲从属于其后，甚至从方方面面影响亲属之间的情感关系。所以在传统的封建时代，亲情关系也呈现出非常复杂的样貌，已经不能由单纯的血缘而论。

博雅讲堂

但问心之安否：孝悌之行的“发乎情”

中华民族自古以来有着以孝治天下的传统，孝悌之情在中国人的思想道德中占据举足轻重的地位。《礼运》中言：“父慈、子孝、兄良、弟悌、夫义、妇听、长惠、幼顺、君仁、臣忠，十者谓之人义。”[①]其中对亲人间孝悌之情可谓极为看重。

《礼记》中记载：“万物本乎天，人本乎祖。”祖先崇拜的出现是为了让人们铭记祖先的开拓之功，当时虽然还没有产生严格意义上的孝道，但对长辈的敬重、爱戴之情已经十分普遍。

中国传统文化的基础是绵延数千年的自给自足的农业文明，它适应于血缘或宗法式的小农经济。小农经济的形成与自给自足、男耕女织的定居型农业的封闭性质有关。在小农经济为主导的乡土社会中，血缘和地缘是两种最为主要的社会关系，而且就这两种关系而言，前者往往又具有无可比拟的决定性作用。在这方面，费孝通的阐述颇有代表性。在《乡土中国》一书中，他写道：“血缘是稳定的力量。在稳定的社会中，地缘不过是血缘的投影，不分离的。‘生于斯，死于斯’把人和地的因缘固定了。生，也就是血，决定了他的地。世代间人口的繁殖，像一个根上长出的树苗，在地域上靠近在一伙。地域上的靠近可以说是血缘上亲疏的一种反映，区位是社会化了的空间。”[②]所以，从宗法社会开始，人们在社会中的一切行动和交往，都和血缘关系密不可分，血缘成了决定人们生长生活空间的首要因素。费孝通在书中还有一个精彩的比喻，在“差序格局”的社会关系中，人与人的关系就像石子投入水中泛起的层层涟漪。而在中国乡土社会中，涟漪最中心的位置，正是血缘的紧密相连。所以，父母子女之间的慈孝，兄弟姐妹之间的友悌，被视为人在家庭关系中最核心的道德要求，也是走向社会交往前的第一步。

春秋时期，社会经济制度发生变革，孔子感慨于当时的礼崩乐坏，开始重建以宗法为核心的孝道伦理，在此过程中，儒家学说发挥了重要作用。

在《论语》中，我们时常会见到孔子和弟子们关于孝悌的讨论：

---

① 黄敦兵导读注译：《孔子家语》，长沙：岳麓书社，2019 年版，第 192 页。
② 费孝通：《乡土中国》，南京：译林出版社，2020 年版，第 83 页。

宰我问："三年之丧，期已久矣。君子三年不为礼，礼必坏；三年不为乐，乐必崩。旧谷既没，新谷既升，钻燧改火，期可已矣。"子曰："食夫稻，衣夫锦，于女安乎?"曰："安。""女安则为之！夫君子之居丧，食旨不甘，闻乐不乐，居处不安，故不为也。今女安，则为之!"宰我出。子曰："予之不仁也！子生三年，然后免于父母之怀。夫三年之丧，天下之通丧也。予也有三年之爱于其父母乎?"(《论语·阳货》)

宰我和孔子的这一段对话，讨论了关于守孝的话题。宰我认为父母逝世后，君子当守孝三年的规定会影响礼制的推行，应当有所变通。但孔子却没有直接讲道理，而是反问宰我"于女安乎"：果真这样做，你是否能够心安呢？之后孔子说道："子生三年，然后免于父母之怀。"一个婴孩在三岁之前，是离不开父母的照抚和呵护的，这三年，父母一味地付出，没有得到任何回馈，从这一角度来看，儿女总是亏欠父母的。因此父母去世之后，用三年的守丧回报父母的养育之恩才能使自己心安。从这个意义上来说，孔子所认为的孝道并不是来自外界约束的刻板的规矩礼节，而是一种发乎内心的情感需求和道德自觉。

所以，真正的孝悌之情乃是"发乎情"的表现，是由内而外的爱和敬，是自然而然的情感表达，无关乎外界的名利得失。

(一)古典诗歌中的父母恩德

自古以来，诗歌中不乏对父母养育之恩的书写。下面，让我们欣赏两首诗歌，体味其中的父母恩情。

诗经·小雅·蓼莪

蓼蓼者莪，匪莪伊蒿。哀哀父母，生我劬劳。

蓼蓼者莪，匪莪伊蔚。哀哀父母，生我劳瘁。

瓶之罄矣，维罍之耻。鲜民之生，不如死之久矣。无父何怙？无母何恃？出则衔恤，入则靡至。

父兮生我，母兮鞠我。抚我畜我，长我育我，顾我复我，出入腹我。欲报之德。昊天罔极！

南山烈烈，飘风发发。民莫不穀，我独何害！南山律律，飘风弗弗。民莫不穀，我独不卒！

这是中国诗歌史上最早的以充沛的情感表达对父母的感恩爱戴之情的诗篇。诗歌的开篇，以蓼莪起兴，写作者见蒿与蔚，却错当莪。莪一般环根丛生，味美可食，因此又名抱娘蒿，常用来比喻人成材且孝顺；而蒿与蔚都是散落而生，蒿粗恶不可食用，蔚既不能食用又结子，所以用来比喻人不成材且不能尽孝。很明显，作者以蒿与蔚自叹自己不成材又不能终养尽孝，但父母生养自己太不容易，所以深感自责，为全诗的情感定下基调。

“父兮生我”几句，例数父母生养自己的付出之举，一连用了“生”“鞠”“抚”“畜”“长”“育”“顾”“复”“腹”九个动词，不厌其烦地罗列父母为养育子女的所作所为，深感父母之恩情。但无奈父母早逝，树欲静而风不止，想要回报父母的养育之恩却是再无机会了。

诗歌以四言呈现，形式古朴庄重，情感却又跌宕起伏，感人肺腑。所以后世许多文人读到《蓼莪》一篇，莫不垂泪涕泣，感怀良久。

燕诗示刘叟

白居易

梁上有双燕，翩翩雄与雌。衔泥两椽间，一巢生四儿。
四儿日夜长，索食声孜孜。青虫不易捕，黄口无饱期。
觜爪虽欲敝，心力不知疲。须臾十来往，犹恐巢中饥。
辛勤三十日，母瘦雏渐肥。喃喃教言语，一一刷毛衣。
一旦羽翼成，引上庭树枝。举翅不回顾，随风四散飞。
雌雄空中鸣，声尽呼不归。却入空巢里，啁啾终夜悲。
燕燕尔勿悲，尔当返自思。思尔为雏日，高飞背母时。
当时父母念，今日尔应知。

白居易的这首诗，借双燕养育小燕的过程表白了父母养育儿女的不易。从“四儿日夜长”到“母瘦雏渐肥”详细地描述了母燕为喂养时常饥饿的小燕不知疲倦捉青虫，最后日渐瘦削的情景。“喃喃教言语，一一刷毛衣。一旦羽翼成，引上庭树枝”，讲述了双燕培养小燕啼鸣发声，为小燕梳洗羽毛，最后待到小燕羽翼丰满，领着它们跳上枝头展翅高飞的过程。在这些描述中，作者借燕子将人类父母对孩子的关爱呵护，心念孩子的担忧和急切，望子成龙的殷切期盼表现得形象可感，令人读来不得不感喟父母含辛茹苦的不易。

但笔锋一转，作者后续又写到小燕展翅飞走而不回头，徒留双燕空中悲鸣的哀婉情境。但此时，作者并未一味责怪小燕或为双燕哀伤，而言“尔当返自思”。当年你们离开自己的父母时，不也是如此决绝吗？如今你们的孩子就如同当日的你们，又有何区别？作者这一番议论，道出了万千父母和孩子的悲伤与无奈。父母的恩德，在子女亦为人父母时才能被真正理解。所以常有人说，父母之恩总是回报不尽的，唯有将这爱延续到下一代身上，方能真正体会父母的不易，同时也方能知晓，自己将永远亏欠父母，永远无法真正回报父母的恩情。

(二)文人典故中的兄弟相惜

在古籍所流传记载的故事中，不乏惺惺相惜的兄弟深情，让我们通过几个典故感受古人兄弟之间的深厚情谊。

1. 苏轼与苏辙

苏轼、苏辙兄弟的手足深情，与他们的文学成就一样，永远是人们津津乐道、念念不忘的历史篇章。苏轼将这种并肩携手、患难与共的手足亲情，用他最擅长的创作形式表现出来，便形成了那一首首发自肺腑、贯注着充沛真情实感的词作。让我们欣赏这一首经典的《水调歌头》，在其中体味苏轼对弟弟苏辙的深情厚望。

水调歌头·明月几时有

苏轼

丙辰中秋，欢饮达旦，大醉，作此篇，兼怀子由。

明月几时有？把酒问青天。不知天上宫阙，今夕是何年。我欲乘风归去，又恐琼楼玉宇，高处不胜寒。起舞弄清影，何似在人间。

转朱阁，低绮户，照无眠。不应有恨，何事长向别时圆？人有悲欢离合，月有阴晴圆缺，此事古难全。但愿人长久，千里共婵娟。

这首词可谓是流传千古、脍炙人口的佳篇，想必同学们都不陌生。苏轼的这首《水调歌头·明月几时有》创作于北宋神宗熙宁九年(1076 年)，这一年，他在密州出任太守。正值中秋之夜，苏轼把酒赏月，直至天明，怀念远方六年未见的弟弟苏辙，感怀良多，遂作此词。开篇，苏轼像屈原《天问》一样痴问“明月几时有”，又视青天为友，把酒相询，为上阕奠定了高蹈又迷惘的基调。整阕似乎处处咏月，也处处借月抒发自己对人生的追问和感慨。进入词的下阕，由咏月进入怀人，月与人不应有仇，为何不照人间的欢乐，偏偏在我与弟弟离别时而圆呢？埋怨明月故意与人为难，看似无理，其实更进一步体现了对远方亲人的思念之浓。但苏轼毕竟是苏轼，话锋一转，便自我开解起来：“人有悲欢离合，月有阴晴圆缺，此事古难全。”这人和月的不完满，本就是自古以来再平常不过的事了，既然本就不能完满两全，那又有什么可悲伤的呢？最后两句是人们耳熟能详的千古佳句，“但愿人长久”，是要突破时间的局限；“千里共婵娟”，是要打通空间的阻隔。既然时空将我们阻拦，那么只要我们心神相依、彼此祝愿，千里之外也能共同欣赏那一轮明月，就如“身无彩凤双飞翼，心有灵犀一点通”一般，深厚的情谊可以打破一切束缚，让两心相互依偎。这首词不仅显示出苏轼阔达的胸怀，也表达出他对弟弟苏辙深厚的情谊。

很多人说苏轼最好的词都是写给弟弟苏辙的。苏轼、苏辙二人的兄弟情谊，相互的思念之情，在这首词中可见一斑。自小两人便一起长大，后又踏上官宦仕途，二人命运更是紧密相连。他们都才华不俗，政治见解相似，同样因才干被任用，也同样被贬官排挤。苏轼曾自嘲“问汝平生功业，黄州惠州儋州”。当兄长被一贬再贬时，弟弟也因为受牵连而日子很不好过，但做弟弟的未有过丝毫怨言。在惊天动地的“乌台诗案”中，苏辙想以自己的官职为兄长苏轼赎罪，结果被贬为筠州监酒。苏轼被贬儋州，苏辙也因被哥哥牵连被贬雷州，二人一南一北，隔海相望。所谓“患难见真情”，二人同时遭贬，患难与共，却倍觉情笃。苏轼曾在狱中生死未卜之际，给苏辙写信：“与君世世为兄弟，更结人间未了因。”这是临死之前对兄弟之情最后的剖白：人生一世倏忽而过，一辈子太短，下辈子乃至生生世世，我们都要继续做一对兄弟。从儿时相伴读书的无忧时光，到风云变幻的宦海生涯，我们都一直相互陪伴，相互慰藉，肝胆相照，赤诚以待。

2. 王子猷与王子敬

王子猷，子敬俱病笃，而子敬先亡。子猷问左右：“何以都不闻消息？此已丧矣！”语时了不悲。便索舆来奔丧，都不哭。子敬素好琴，便径入坐灵床上，取子敬琴弹，弦既不调，掷地云：“子敬！子敬！人琴俱亡！”因恸绝良久，月余亦卒。

——《世说新语·伤逝》

王子猷、王子敬都是东晋书法大家王羲之的儿子，王子猷排行第五，王子敬最小，排在第七。《世说新语》里的这篇故事，记载了二人的兄弟情深。子猷和子敬都病得很厉害，而子敬病重先去世了。子猷许久不闻弟弟的消息，便问身边的人弟弟是否已经离世。得到弟弟离世的消息，子猷起先并不悲伤，但即刻便驾乘马车去奔丧，也没有哭。子猷知道弟弟素来喜欢弹琴，于是坐在灵床上，弹奏起弟弟的琴，但因琴弦已松，难以成曲，于是把琴摔在地上，悲叹一句“人琴俱亡!”是啊，弟弟已然不在世上，这与他日夜相伴的琴也曲不成调，弹琴之人不再，琴声亦已不再。此后，子猷恸绝良久，一个多月后也离世了。这个小故事中，虽然没有向我们详细说明兄弟二人平日里是如何相伴相依、情深义重的，但这“殉情”一般的行为，隐而不发最后恸绝而逝的结局，正应了《世说新语》中的那一句“终当为情死”。在那个战乱频仍、尔虞我诈、朝局更迭、朝不保夕的时代，世人忧生嗟死，在短暂的生命旅程中，相依相偎的血缘亲情就显得更加珍贵，魏晋之人重情、钟情，在兄弟之情方面的表现便更为深沉动人。

当代之声

在当下的社会，亲子关系一直拥有着中华传统亲孝的基础，但也对应时代变化注入了新生的思想。在我们的许多文艺作品中，都有对父母儿女之间亲情的表达，或传统，或时尚。请结合相关艺术作品，谈谈你对其中亲子关系的看法和对理想亲子关系的展望。

师生荐文

(一)教师推荐

我推荐史铁生《我与地坛》的第二章节。

“他被命运击昏了头，一心以为自己是世上最不幸的一个，不知道儿子的不幸在母亲那儿总是要加倍的。”[①]被命运击昏的史铁生，在母亲去世多年后才能理解那些饱含深情的背影与脚步，而时间却无法重来。

母亲总是知道和理解儿子，她“知道我心里的苦闷，知道不该阻止我出去走走，知道我要是老待在家里结果会更糟”，她“料想我不会愿意她跟我一同去”，她“知道得给我一点儿独处的时间”。可母亲也总是担心儿子，她“担心我一个人在那荒僻的园子里整天都想些什么”，她“不知道这过程得要多久和这过程的尽头究竟是什么”，她“自己心里也没有答案”。母亲的理解是因为爱，担心也是因为爱，纠结是因为爱，坚守也是因为爱。

而这份爱是在多年后才被儿子真正理解。“许多年以后我才渐渐听出，母亲这话实际上是自我安慰”，“只是在她猝然去世之后，我才有余暇设想”，“那时他的儿子还太年轻，还来不及为母亲想”。

父母和孩子之间的爱总是这样充满“错位”。不论父母还是孩子，如果能够发觉这些“错位”的存在并尽力弥合，就能减少些遗憾。

(二)学生推荐

父亲写的散文诗

一九八四年庄稼还没收割完
儿子躺在我怀里睡得那么甜
今晚的露天电影没时间去看

---

① 此推荐中引文引自史铁生：《我与地坛》，北京：人民文学出版社，2011年版。

妻子提醒我修修缝纫机的踏板
明天我要去邻居家再借点钱
孩子哭了一整天闹着要吃饼干
蓝色的涤卡上衣痛往心里钻
蹲在池塘边上狠狠给了自己两拳
这是我父亲日记里的文字
这是他的青春留下留下来的散文诗
多年以后我看着泪流不止
我的父亲已经老得像一个影子
……

这是我近来最喜欢的一首歌曲，讲的是儿子翻看父亲多年前的日记，读到父亲在那些艰苦辛酸的日子里对家人对儿子最朴实的关怀和期望，想到如今父亲已经年迈而泪流不止。这首歌最打动我的就是父亲那些朴实无华的“日记”文字，文字中记录的都是一些日常琐事。比如因为家中事忙要照看孩子，没时间看当年火爆且难得的露天电影；家中的缝纫机踏板坏了需要父亲来修；家中穷困，父亲不得不出门借钱；儿子吃不上饼干哭了一整天，父亲万分自责……这些看起来再平常不过的小事，组成了年轻的父亲所遭受的生活之苦，里面有欣慰，有烦闷，有失望，有辛酸，有羞愧难耐……尽管如此，父亲还是对儿子充满了关爱和期待：他不了解儿子内心的郁闷，却将儿子日渐消瘦的身体看在眼里；他知道他终将老去，但是儿子也会长成男子汉，娶个可爱的媳妇；他吃尽了生活的苦，所以希望儿子未来能够生活富足。在那个生活条件艰苦的年代，又有多少这样的父亲呢？故事中的儿子，看到父亲的日记，将之称为“散文诗”，这是一个多么浪漫的名称！父亲的日子就是在这些朴素文字的记录中形成了令人难忘和感动的诗篇。在儿子的眼中，现在的父亲已经老成了“一个影子”，清瘦、模糊但却如影随形，像“一张旧报纸”，虽然失去了往日的光彩，但却记录了那一辈的岁月时光。歌词中儿子没有直接表露对父亲的感恩，但对父亲的心疼和赞美却溢于言表。那个默默付出、不言不语的父亲形象，就这样被书写铭刻进许多人心里。

我们这一辈的父母可能没有经历像歌曲中父亲那样的艰苦岁月，但他们的生活也有着许多压力和为难，可不论外界如何变化，父母都始终将最多的爱给予他们的孩子，为孩子的成长费尽心血。当下的“00后”们很多在优渥的生活条件和全心全意的爱中滋养着成长起来，更应该在日常生活的小事中体会父母的默默付出，也在日常小事中回馈给父母自己的爱意和关怀，收起自己的自大和任性，在和父母的相互依偎与陪伴中真正长大成人。

此后觉醒的人，应该先洗净了东方古传的谬误思想，对于子女，义务思想须加多，而权利思想却大可切实核减，以准备改作幼者本位的道德。况且幼者受了权利，也并非永久占有，将来还要对于他们的幼者，仍尽义务。只是前前后后，都做一切过付的经手人罢了。

——鲁迅《我们现在怎样做父亲》

在阅读鲁迅先生的《坟》这一部杂文集时，《我们现在怎样做父亲》一篇给了我关于亲子关系的启发。很多人提到传统的孝道，就要讲到《二十四孝图》，鲁迅先生在《朝花夕拾》散文集中就对譬如“郭巨埋儿”“老莱娱亲”这样的现象大加批判，这种只知感恩、不知自我的做法，实际上是封建思想对人主体性的打压。“父子间没有什么恩”这样的断语，让鲁迅招致骂名，但他的意思绝不是让孩子对父母不敬甚至打骂，而是反对“幼者的全部，便应为长者所有”的荒唐思想，为幼者的生命意义和独特价值正名。

在当代社会，人的个体价值被不断发掘和强调，作为子女的我们，自然不能把自我价值依附在父母身上，不能只是对他们唯命是从，完全没有自己的决断和计划，当然，也不能全然不顾父母养育自己的付出和对自己的爱护。鲁迅的这篇文章，从生物进化的角度阐释了新生生命优质于旧生命的观点，但我觉得新生生命当然是人类延续和未来发展的希望，但正因为有上一辈生命的存在和教养，下一辈的新生命才能够得到庇佑和教导，才能获得适应自然和社会的本领，才能够在这个日新月异的社会中不断探索，从而找到自己的位置，为社会继续做贡献，也继续延续生命的奇迹。

在我看来，父母和孩子都有自己独特的生命价值，都不是对方的附庸，他们理应有着自己精彩的人生。父母不必一味将生命奉献给子女，也应当为自己的人生寻找更多色彩，像有些父母所言“我所做的一切都是为了你”的言论，我是不能完全接受的，我真的希望父母能在子女之外找到自己的人生意义；而子女也一样，不能将父母视为可以永远掠夺资源和情感的一方，也不能将自己的价值完全建立在父母的认可之上，而应当带着父母给予我们的营养，探求自己人生的方向，在自我实现的同时，也让我们的父母感到骄傲！我觉得，相亲相爱、相互成就、共同成长的亲子关系，就是我心中最理想的存在。

笔落抒怀

分析和体验上述亲亲之爱后，你对亲人间相处有了哪些新的感受和思考呢？

你是否有许多心里话想和他们诉说？

请给你的某位亲人写一封信，表达此时此刻你的情感和思考。

师生感悟

(一)教师个人分享

致我的父母

爸爸妈妈：

你们好！说来惭愧，将近而立之年的我，还从未给你们书写过只言片语。所以，我想就这次机会和你们说说我的心里话。

从我第一次只身离开家门到陌生的大城市求学已然11年了，还记得那时你们送我来北京，我们一起游玩了三天。你们离开时，本应是我送你们回去，但现实却是你们在宿舍楼下目送我离开。可能是年少时的羞怯和没来由的倔强作怪，我别别扭扭地想回头看你们却终究没有回头，径直走进了宿舍楼。后来你们还为此耿耿于怀了许久。在那之后的几年，你们总是责怪我没有经常给你们打去电话。现在想来，那时的我正在离家万里的地方第一次尝试独自成长。在这个过程中所做的第一件事，就是重新厘清我与你们的关联。

在我读过的教育学书籍中，你们对我的教养方式大概被称为“专制型”。从小到大，我的每一次“不完美”都会被你们尽收眼底并加以批评和纠正，走路不能“外八”，吃饭时不能看电视，碗里不能有一粒剩饭，切胡萝卜时一定要用大拇指抵住以防切伤……这些要求让我成了一个小心谨慎、恪守规矩的人，也让我日后的生活和工作显得井井有条。但在我刚刚走出家门进入大学校园时，我得知了一件让我思索良久的事情——原来我可以犯错，我也学到了一个新词“试错”。我开始探索一个全新的世界，从不同的人身上寻找人格的理想模样，自由地尝试从前从未做过的事。我非常得意地认为，我找到了自己从小自卑和怯懦的根源并开始改变。

也许很多人都会在成年之后重新审视原生家庭给自己带来的影响，尤其在年少气盛之时，难免在发现那些负面影响后感到不解和气闷。为什么别人的父母可以包容孩子的过错，鼓励孩子多做尝试，而你们却乐于编织圈住我的藩篱，限制我的自由？在离开家的这些年，我开始重新思考过去的行为模式，努力地想要重塑自我，试图摆脱你们近二十年来对我的影响。离开父母离开家是一个人成长成熟的必经之法，但我承认，我走得有些决绝。

如今，我们又住在了同一屋檐下，只不过不在老家而在北京。看到爸爸曾经引以为傲的头发变得稀疏花白，听到曾经那么爱美的妈妈居然也会把“老了”“我们老人家”这样的词句挂在嘴边，我才发现你们真的开始变老了。而我也有了自己的孩子，就像你们所说的成了一个真正的大人。我们都被时间无情地推着向前，不断和过去的自己告别。也许是这样的原因，我开始再一次地思索与你们的关联。

直到去年我才知道，原来高三时妈妈曾经被班主任邀请在家长会上分享“如何培养一个不焦虑的孩子”。还记得重提此事时，妈妈您的脸上仍旧满脸骄傲。“就是不能给孩子压力，他们已经很辛苦了，我们做好‘后勤’工作就好。”“我每天晚上都陪着她，她写作业、复习功课，我就在她后面坐着，看书或者什么都不做。她合上书要睡觉了，我就和她一起睡。”您复述着当年在家长们面前所说的话，朴素却饱含真理。这让我回忆起那三年，你们为了节省我上下学的时间，没有选择让我住校，而是在学校附近租下了一间房子。不论寒暑，每天晚上我下了晚自习回家，马路旁都会有你们等待的身影。每一次大考小考，你们从来都没有询问我成绩如何，只是让我好好吃饭睡觉。甚至在高考前夕我急性肠胃炎打吊瓶到夜里十点，你们也没有露出过半分焦虑，只关心我肚子还疼不疼有没有退烧。后来我才知晓，高考那几天你们紧张到吃不下饭。就是这些点点滴滴的努力，让我成了班主任夸赞的“班上最淡定的学生”，也帮助我在发着低烧的情况下依然取得了优异的高考成绩。是你们的从容、勤劳、理解，帮我屏蔽高三的压力和生活的琐事，让我能安心地专注于学习。也正因此，我才能进入一所好的大学，在积极向上的氛围里，在自由无忧的天空下，去舒展羽翼，去思索那些关于我、关于我和你们的问题。

这样的教育智慧还有许多许多，只是恐怕连你们都“日用而不觉”。我也终于明白，原来我从未真正脱离你们的影响，我自诩的那些离开家门重塑自我的努力，只不过是带着你们悉心浇灌的根苗继续向阳生长。

前段时间，我再次教到史铁生的《我与地坛》这一篇文章。史铁生谈到他面对母亲的寻找选择决意不喊她：“这倔强只留给我痛悔，丝毫也没有骄傲”，“千万不要跟母亲来这套倔强，羞涩就更不必，我已经懂了可我已经来不及了”。我曾借此劝诫学生，不要吝啬自己的言语，多向父母表达爱意。在这里，我也要郑重地向你们说出我的感谢和爱，是你们给了我健全的身体，培养我从容的态度和坚忍的意志，让我有能力享受自己的人生，在充满偶然的生命之旅中追寻意义。现在，我也有了养育新生命的责任，我不敢说自己能比你们做得更好，但我会带着你们朴素的智慧，继续践行生命的职责。

爱你们的女儿

(二)学生写作交流

给爷爷的一封信

亲爱的爷爷:

好久不见!距离您离开这个世界已经四年了,可我才鼓起勇气给您写这封信,向您诉说我对您的怀念和愧悔。

在我的印象中,您一直都是一个和善温良的长辈。听爸爸说,您这辈子几乎没有和人争吵过,少数的几次不愉快也都是由别人挑起,而您也只是默默忍受。也许是因为父子互补,爸爸是一个暴脾气,每次都要冲上前去为您出头。我还听爸爸说,您很聪明,虽然没有专门学过画画,学历也只到初中,但却能画得一手不错的国画。我经常拿着小时候您带我画的纸扇度过炎热的夏暑,上面的小虾小鱼栩栩如生,跟我在河边偶尔捕获的一模一样。小时候,您一边在院子里和其他爷爷们下象棋,一边看着我和同伴们疯玩,不管我跑到了哪里,不管我在哪里摔破了腿,您都能第一时间找到我,把大哭的我带回家涂药。

那个时候,弟弟还没有出生,同辈里也只有我一个。我一直觉得您是最爱我的,我是您心头的宝贝。可是后来,有一次,我偶然间看见您和我妈说:"趁现在年轻,国家又有政策,再生一个吧!还是得生一个儿子才好,我也想抱孙子呀!"我默默地在房间门口走过,装作什么都没有听见。那时的我满脑子都是"重男轻女"这个词,我第一次发现,原来我的爷爷也是个"老封建"!原来,和我同学嘴里说的偏爱孙子的爷爷们没什么两样,亏我还在同学面前夸下海口说我的爷爷最疼我,绝不会因为性别偏爱男孩子!

过了几个月,妈妈果然怀孕了,又过了几个月,我的弟弟出生了。我还记得在医院里大家围着弟弟说说笑笑的样子,尤其是您,我似乎从未见您那么开心地笑过。你们的世界被弟弟点亮了,而我的世界从此好像少了什么。虽然爸爸妈妈一直说对我的爱不会变,我也表示相信,也帮着照顾弟弟,可我心里就是空落落的,说不出是什么滋味。

又过了一段时间,我上高中,被爸妈安排住校了,不能常回家。终于等到周末,我们一家人去看望您,您和奶奶做了一桌子好菜,给弟弟准备了一个专属的佩奇小碗,而我却没有。我当时气闷极了,您问我学校的事我也只是敷衍了几句。"这是成大孩子啦!有自己的想法了。"您笑着说。我只是默不作声继续吃饭。可是,我当时却忽略了一件最重要的事,那一桌子菜,几乎都是我爱吃的。

后来,我就得知了您肺癌晚期的消息。做了一辈子的"大烟袋",谁劝都不听，不知道您是否后悔过。我每周末都去医院看您，您当时什么也吃不下，只靠营养液维系着，原本壮实的身体竟像一只小猫，蜷缩在病床上，一直睡，醒来也说不了几句话。您握着我的手，小心翼翼地说："我这样握这么久，你会不会烦我呀?"我忍着泪摇摇头。"爷爷真的舍不得你。"在那个时候，所有的埋怨都被我抛到了九霄云外，我只想您健康地活下来，我一定每周都和您说好多好多我在学校的见闻，再也不会不理您了。

现在想想，就算您期盼着弟弟的到来又怎样呢？就算您有着"重男轻女"的封建思想又有什么关系？您对我的爱从来都一如既往，就算在弟弟出世后，您对我的关怀也没有减少半分。可惜那时候我还小，并不懂得这个道理。但时间一去不复返，我无法向您表白我那段时间心里的别扭和纠结，更无法为我的冷漠向您道歉。就请允许我利用这封信，表达我的愧疚和哀思吧。

永远爱您的孙女

（2019 级　王　凝）

写给大姑的信

大姑：

去年冬天，表哥给我们打来电话，告诉我们你旧病复发的消息。我们去医院看你，发现在经历了几场大病之后，你似乎失去了往日的活力，但是在看到我时，你的神情突然激动了起来，眼睛里闪着泪光。表哥说："看给你大姑激动的，我来的时候她都没有那么激动。"后来，每当我想到那个瞬间，都觉得我在你心里一定有一个很特别的位置。

因为妈妈在郊区工作，只有周六日能回一次家，在我的童年记忆里，是你把我带大的。那时候我还很小，很多事情都记不清了，我只记得有一个周五的傍晚，妈妈下班回到家，看到我时本来格外亲热，但我却完全不管不顾地因为你要离开而大哭，让妈妈气急败坏。长大后妈妈告诉我，每一次你们"交接"的时候我都是这副表现，这一点一直让她耿耿于怀。我当时一定没有太多的心思，只是觉得我和你的感情比和妈妈还要亲近。

去医院看望你的几周后，我们听到了你去世的消息。那天放学回到家，我期待着大人们告诉我一个不太坏的消息，比如说你的老毛病又犯了，或者你刚刚从昏迷中醒过来，但是我一进屋，妈妈就告诉我，"你大姑去世了。"路过爸爸房间，我听到他正在给远房亲戚打电话，告诉他们你去世的消息。

爷爷去世后，你和爸爸发生了矛盾，你搬到了更远的地方，我们很少再在一起生活。我常常回想着我们关系的变化，感觉一切都在悄无声息地发生。我们越来越少地联系，逢年过节交谈的内容显示着我们关系的疏远。

遗体告别的那个早晨天气很冷，我穿着厚厚的棉服站在门口，第一次明白了“冬天”的含义。我本来没有预料到自己会哭，但是看到你的一瞬间便忍不住哭了出来，我意识到这是最后一次看到你。不知道为什么，妈妈也哭得很伤心，也许在那一刻她曾经的嫉妒都变成了感激。

记得小时候，你常常在表哥面前表扬我，也让表哥耿耿于怀。写这封信，是向你表达我对你的爱，很遗憾没能在你生命最后一段日子陪在你身旁。我会好好地和表哥相处，等到表哥有了孩子，我会像你照顾我一样照顾他，把你对我的偏爱传递下去。

你的侄子

（2019 级　杨北舟）

【结语】

同学们在《红楼梦》中体味到了亲情，思考了亲情背后的社会礼法羁绊，在传统诗词典故中探寻了一脉相承的亲亲之爱，也在自己的真实生活中重新发掘和认知亲情的多种样貌。

其实，不光是父母子女，所有的亲人都是如此。尤其在当下充满变化的时代和社会中，有学者提出青年中存在“断亲”的现象，指出如今家族亲情圈层式微，年轻人不再喜欢走亲戚，亲戚们的关系渐行渐远。但无论时代如何变化，稳固和谐的亲情关系依然能够带给我们无尽的情感滋养和生命寄托。就算我们的生活再忙、琐事再多，也不要忘了我们和亲人之间血脉相连；就算事情再复杂难解，也一定要带着真情和理性看待亲人之间的关系，不要让误解和偏激伤害我们宝贵的情感。

相信同学们学习完本部分，能够用真情回馈真情，用理性处理矛盾，在几千年亲亲之爱的积淀中，在当下日新月异的社会思潮中，寻找到和亲人们的理想相处方式，在亲情的浸润和滋养下，收获更加美好的成长体验。

二、一世名利纷纭

面对纷繁复杂的社会，有人说“天下熙熙，皆为利来；天下攘攘，皆为利往”，有人说“非淡泊无以明志，非宁静无以致远”，有人说“三十功名尘与土，八千里路云和月”，也有人说“宠辱不惊，闲看庭前花开花落；去留无意，漫随天外云卷云舒”……一世名利纷纭，百态人生堪嗟。整日磨戛于社会之中，面对交错的时空，我们的生存方式似乎有很多选择，但最终我们只能选择一种，而人生的每一次选择都很关键。

“满纸荒唐言，一把辛酸泪”，曹公把自己的一世辛酸尽付《红楼梦》中。面对名利纠缠的社会，小说中的“他们”究竟选择何种生存方式？他们如何以自己的青春韶华来抗衡世事纷纭？他们如何处理自我与他人的关系？本部分，我们将走进“红楼梦中人”的多样人生，在传统的事功与隐退之间，出世与入世的行藏之内，找寻他们的人生坐标；在风雅与世俗之中，发现他们别样的人生姿态。或许，我们可以照见自我生命，可以启发我们面对社会人生新的思考。

走进《红楼梦》，人生并不如梦，小说中的“他们”真切可感、清晰如昨。阅读是一场旅行，是生命的碰撞，是灵性的闪耀，面对一世名利纷纭，青春的我们或许可以有新的觉解，可以有再出发的理由。

红楼讲堂

社会名利纷纭，世事洞明堪嗟

人是一个最复杂的命题，人的复杂性源于人性的复杂与多样。人性本向善，人性亦有恶。复杂多样的人组成了繁复的社会，社会又反过来规约了人本身。人不能离开社会而独自生存，人的本质是真正的社会联系，人的意义也是由人的社会性所决定的。那么，人该如何来面对纷繁的社会呢？曹公用如椽巨笔在《红楼梦》中刻画了几种典型的人生样态。面对社会，他们或者选择了顺化，随波逐流；或者选择了叛逆，高扬率真的个性；或者选择固守，墨守成规，迂而不化；或者选择了退隐，自甘清净，洒脱淡泊。阅读下文，你将会看到几种不同的人生轨迹，探寻他们异样抉择背后的不同价值取向。

(一)顺化：钗于奁内待时飞

面对复杂的社会与官场，贾雨村选择了一条与世推移的顺化之路——由同化而内化，由内化而腐化，最后“因嫌纱帽小，致使锁枷扛”。贾雨村名化，字时飞，别号雨村，湖州人，生于官宦人家，然出生时人口凋零，家业尽毁，成了曹公所说的“穷儒”。后在甄士隐资助下考中进士，人生完成了“华丽的蜕变”，从“穷书生”一步步到“大奸雄”，官运亨通步步高升，却也忘恩负义泯灭了人性。他用一生演绎了一出跌宕起伏的“假语村言”。

出场时，作为读书人的青年贾雨村可谓抱负高远，“好男儿志在四方”，他一出现便吟出“天上一轮才捧出，人间万姓仰头看”“玉在椟中求善价，钗于奁内待时飞”的大气磅礴之句。然而在高中进士后，他却因“才干优长，未免有些贪酷之弊；且又恃才侮上，那些官员皆侧目而视”，致使“龙颜大怒，即批革职”。这不能不使聪明而有才华的贾雨村反思，反思的结果就是在断薛蟠公然打死冯渊一案时，听了门子“护官符”的高论，徇私枉法胡乱结案，而后修书二封与贾政并京营节度使王子腾，说“令甥之事已完，不必过虑 ”云云。他攀龙附凤效力权贵，奴性十足，恶性十足。此时的贾雨村已然把官场恶俗的潜规则内化成了他做人做官的明规则，人性之恶根深蒂固为社会生存的法则，腐化堕落为官场的“国贼禄蠹”。可悲可叹！

第四回　薄命女偏逢薄命郎　葫芦僧乱判葫芦案(节选)

雨村因问方才何故有不令发签之意。这门子道：“老爷既荣任到这一省，难道就没抄一张本省‘护官符’来不成?”雨村忙问：“何为‘护官符’？我竟不知。”门子道：“这还了得！连这个不知，怎能作得长远！如今凡作地方官者，皆有一个私单，上面写的是本省最有权有势、极富极贵的大乡绅名姓，各省皆然；倘若不知，一时触犯了这样的人家，不但官爵不保，只怕连性命还保不成呢！所以绰号叫作‘护官符’。方才所说的这薛家，老爷如何惹得他！他这件官司并无难断之处，皆因都碍着情分面上，所以如此。”一面说，一面从顺袋中取出一张抄写的“护官符”来，递与雨村，看时，上面皆是本地大族名宦之家的谚俗口碑。其口碑排写得明白，下面所注的皆是自始祖官爵并房次。石头亦曾抄写了一张，今据石上所抄云：

贾不假，白玉为堂金作马。(宁国荣国二公之后，共二十房分，除宁荣亲派八房在都外，现原籍住者十二房。)

阿房宫，三百里，住不下金陵一个史。（保龄侯尚书令史公之后，房分共十八，都中现住者十房，原籍现居八房。）

东海缺少白玉床，龙王来请金陵王。（都太尉统制县伯王公之后，共十二房，都中二房，余在籍。）

丰年好大雪，珍珠如土金如铁。（紫薇舍人薛公之后，现领内府帑银行商，共八房分。）

雨村犹未看完，忽听传点，人报："王老爷来拜。"雨村忙具衣冠出去迎接。有顿饭工夫，方回来细问。这门子道："这四家皆连络有亲，一损皆损，一荣皆荣，扶持遮饰，俱有照应的。今告打死人之薛，就系丰年大雪之'雪'也。也不单靠这三家，他的世交亲友在都在外者，本亦不少。老爷如今拿谁去?"雨村听如此说，便笑问门子道："如你这样说来，却怎么了结此案? 你大约也深知这凶犯躲的方向了?"

……

至次日坐堂，勾取一应有名人犯，雨村详加审问，果见冯家人口稀疏，不过赖此欲多得些烧埋之费；薛家仗势倚情，偏不相让，故致颠倒未决。雨村便徇情枉法，胡乱判断了此案。冯家得了许多烧埋银子，也就无甚话说了。

雨村断了此案，急忙作书信二封，与贾政并京营节度使王子腾，不过说"令甥之事已完，不必过虑"等语。此事皆由葫芦庙内之沙弥新门子所出，雨村又恐他对人说出当日贫贱时的事来，因此心中大不乐意，后来到底寻了个不是，远远的充发了他才罢。

◆ 学生解读

甫一上任的贾雨村还是有些正义感的。

在面对薛蟠纵豪奴打死冯渊强抢甄英莲这个一年无人敢接的冤案时，义愤填膺地说："岂有这样放屁的事！打死人命就白白的走了，再拿不来的!"后来面对门子对"护官符"四大家族"一损皆损，一荣皆荣"的解说之后，依然说："你说的何尝不是。但事关人命，蒙皇上隆恩，起复委用，实是重生再造，正当殚心竭力图报之时，岂可因私而废法? 是我实不能忍为者。"你说伪装也罢，良知未泯也好，此时刚刚通过林如海、贾政的路子到任应天府的贾雨村还是想要做点事的。然而时势比人强，"大丈夫相时而动""趋吉避凶者为君子"，在报效朝廷与自保权势之间，贾雨村最终选择了后者。或许是上一次被罢官的经历让他记忆犹新教训深刻，这一次他决心"顺势而为"徇私枉法。由此可以看出贾雨村顺化的心路历程，他是怀着些微的正义感在门子的指引下自甘匍匐于权势的，他对官场潜规则的内化也是“天赋异禀”，一点就通，一听就会，这方面，他灵光得很。他的腐化变质是必然的，只是看在什么时机而已。

如果说面对官场社会他选择了屈从权势而非坚守正义，那么面对人际交往他则选择了忘恩负义而非知恩图报。

贾雨村首先有负于当年科考路上的恩人甄士隐。当年是甄士隐的“五十两白银，并两套冬衣”使贾雨村脱困飞腾；如今面对恩人的女儿甄英莲，他利欲熏心地选择了把头埋进沙子，可谓“一不义”。其次，他有负于门子，这位昔日“共患难”的故人，把“护官符”倾囊相授，还期待博得他的赏识由此飞黄腾达，殊不知手段毒辣、作风凌厉的贾雨村，此案一结，便“寻了个不是，远远的充发了他才罢”，负义忘恩可谓“二不义”。再联系后来对贾府的落井下石，贾雨村忘恩负义的“奸雄”本色可谓一以贯之。

难怪一直温柔贤淑的俏平儿都咬牙骂道：“都是那贾雨村什么风村，半路途中那里来的饿不死的野杂种！认了不到十年，生了多少事出来！……”平儿当然是为了给挨打的贾琏鸣不平，因为他搞不来石呆子的古扇，没有贾雨村“中用”。而这里的“中用”也不过是徇私枉法、心黑手狠、巧取豪夺罢了。殊不知这正埋下了贾府的祸根！

◆ **教师解读**

有人说“雨村让人看了不舒服，可是很眼熟”，确实如此。贾雨村走了一条对社会官场的顺化之路——同化、内化、异化、腐化，最后成为官场的“国贼禄蠹”，这固然是与封建社会整体腐化的大环境有关，但根本上还是他自私自利、钻营投机的性格使然。

回顾贾雨村的社会化之途可以分为五个阶段：得遇甄士隐，科举入仕—得罪上司，罢官丢职—投靠贾府，复出应天府—打造关系网，青云直上—贪婪无度，罢官扛锁枷。综观贾雨村的一生，他一直顺化于社会官场环境，而且是积极主动地求“变”求“化”。那么他最终堕入私欲膨胀的深渊，也是理所当然了。

脂砚斋曾评价贾雨村：酸。贾雨村“酸”吗？其实不然。我们发现遭遇打击的贾雨村并不像柳永那样自暴自弃，“忍把浮名，换了浅吟低唱”。贾雨村是“达则贪赃枉法，穷则蓄势待发”，所以他不酸，不但不酸而且很豪。且看雨村出场，从“天上一轮才捧出”到“钗于奁内待时飞”，到高谈阔论“正邪两赋”之说，可谓书生意气出口成章，谈笑之间尽显豪爽之气。雨村不仅豪而且贪，刚一入官场就因“贪酷”出局。其实雨村更大的特点是“奸”，且看两段侧批：

雨村道：“你说的何尝不是。【甲戌侧批：可发一长叹。这一句已见奸雄，全是假。】但事关人命，蒙皇上隆恩，起复委用，【甲戌侧批：奸雄。】实是重生再造，正当殚心竭力图报之时，【甲戌侧批：奸雄。】岂可因私而废法？【甲戌侧批：奸雄。】是我实不能忍为者。"【甲戌侧批：全是假。】

雨村一面打恭，谢不释口，一面又问："不知令亲大人现居何职？【甲戌侧批：奸险小人欺人语。】只怕晚生草率，不敢骤然入都干渎。"【甲戌侧批：全是假，全是诈。】

可见雨村之奸，已深入骨髓成了自然反应。难怪后文王熙凤因贪财害死了一对苦命鸳鸯，脂批在评价王熙凤的时候，再次把贾雨村"捎带"上了：一段收拾过阿凤心机胆量，真与雨村是一对乱世之奸雄。认为王熙凤与贾雨村一样都属于"奸雄"之流。

总体来考察贾雨村的为官之路，曹公通过他的名与字已然道破玄机，时飞须"化"。无论是"酸""豪""贪"，还是"奸"都只暴露了他人性的一面，一个"化"字勾勒最为全面。贾雨村就如《高老头》中的拉斯蒂涅一样，"你越没有心肝，就越高升得快，你得毫不留情地打击人家，叫人家怕你。只能把男男女女当作驿马，把它们骑得筋疲力尽，到了站上丢下来；这样你就能到达欲望的最高峰。"

忘恩负义的贾雨村有才无德，一生毁大于誉，他精致利己是真小人！

（二）叛逆：愚顽怕读文章

红学家徐恭时曾专门统计了《红楼梦》中描写的人物：女性人物 480 个，男性人物 495 个，其中有名有姓人物 732 个①。男主角贾宝玉无疑是这 732 人中的灵魂人物，他不仅是牵连其他人物的纲，也是整个故事情节的枢纽，可就是这样一个核心人物却并不自由，而是生活在重重束缚之中，生命自由受到压制与摧残。

料想真率的宝玉肯定会感叹，人生而自由，却无法不在枷锁之中。当自由的生命与社会的规范发生碰撞，生存方式便有了诸多的选择。如果说贾雨村之流选择了顺化，那么贾宝玉则选择了叛逆。《现代汉语词典》解释"叛逆"为背叛，有背叛行为的人。不难看出叛逆是对已有社会规则、社会规范的一种背离。这种大胆的离经叛道往往被认为是一种"忤逆""另类"，当然也不会受到正统社会的理解与包容。宝玉的命运便是如此。比如《大观园试才题对额　荣国府归省庆元宵》一回，宝玉与贾政的冲突表面上看是家庭父子矛盾，实际上是以宝玉为代表的叛逆者与以贾政为代表的社会正统之间的冲突。比如这一回：

---

① 张义春：《红学那些人》，北京：东方出版社，2010 年版，第 137 页。

第十七回　大观园试才题对额　荣国府归省庆元宵(节选)

大家想着，宝玉却等不得了，也不等贾政的命，便说道："旧诗有云：'红杏梢头挂酒旗'。如今莫若'杏帘在望'四字。"众人都道："好个'在望'！又暗合'杏花村'意。"宝玉冷笑道："村名若用'杏花'二字，则俗陋不堪了。又有古人诗云：'柴门临水稻花香'，何不就用'稻香村'的妙?"众人听了，亦发哄声拍手道："妙！"贾政一声断喝："无知的业障，你能知道几个古人，能记得几首熟诗，也敢在老先生前卖弄！你方才那些胡说的，不过是试你的清浊，取笑而已，你就认真了！"

说着，引人步入茆堂，里面纸窗木榻，富贵气象一洗皆尽。贾政心中自是欢喜，却瞅宝玉道，"此处如何?"众人见问，都忙悄悄的推宝玉，教他说好。宝玉不听人言，便应声道："不及'有凤来仪'多矣。"贾政听了道："无知的蠢物！你只知朱楼画栋、恶赖富丽为佳，那里知道这清幽气象。终是不读书之过！"宝玉忙答道："老爷教训的固是，但古人常云'天然'二字，不知何意?"

众人见宝玉牛心，都怪他呆痴不改。今见问"天然"二字，众人忙道："别的都明白，为何连'天然'不知?'天然'者，天之自然而有，非人力之所成也。"宝玉道："却又来！此处置一田庄，分明见得人力穿凿扭捏而成。远无邻村，近不负郭，背山山无脉，临水水无源，高无隐寺之塔，下无通市之桥，峭然孤出，似非大观。争似先处有自然之理，得自然之气，虽种竹引泉，亦不伤于穿凿。古人云'天然图画'四字，正畏非其地而强为地，非其山而强为山，虽百般精而终不相宜……"未及说完，贾政气的喝命："叉出去！"刚出去，又喝命："回来！"命："再题一联，若不通，一并打嘴！"宝玉只得念道：

新涨绿添浣葛处，好云香护采芹人。

这一回在宝玉与贾政的冲突之中，我们不仅看到了一个恪守礼教、迂腐不化、墨守成规的贾政形象，更看到了反应敏捷、博学多识、见解非凡的宝玉形象。这与第三回中曹雪芹所写《西江月》中的宝玉似乎并不吻合，其实这恰是曹公写人的高明之处。他采用了明贬实褒的方式，表面嘲弄，实际褒扬。以封建阶级伦理道德的标准衡量，宝玉禀性乖张、生性怪谲，"似傻如狂""无能""不肖"。以题对额之才来看宝玉则读书多、知识博、文思快、才情大，他拟的匾额和对联令贾政及清客们相形见绌。曹公以似反实正的笔法塑造贾宝玉的叛逆形象，也通过对宝玉种种不合时宜的言行举止的描写，表现其叛逆性格。见《西江月》二首：

第三回　贾雨村夤缘复旧职　林黛玉抛父进京都(节选)

《西江月·批宝玉》二首

无故寻愁觅恨，有时似傻如狂。纵然生得好皮囊，腹内原来草莽。
潦倒不通世务，愚顽怕读文章。行为偏僻性乖张，那管世人诽谤！

富贵不知乐业，贫穷难耐凄凉。可怜辜负好韶光，于国于家无望。
天下无能第一，古今不肖无双。寄言纨绔与膏粱：莫效此儿形状！

【讨论任务】

师：宝玉的叛逆首先表现在社会叛逆，他不愿走正统的仕途科举之路。《西江月·批宝玉》中说他“愚顽怕读文章”“腹内原来草莽”“不肖无双”，对此你怎么看？

● 学生分享

生1：我不赞同《西江月》说法。我觉得看人看事首先有个评判标准的问题，如果站在封建正统的角度来看，贾宝玉生于“君子之泽，五世而斩”的末世，又聪明灵秀，“大有乃祖遗风”，理应以姑父林如海为榜样走传统的事功之路，承担起振兴家族的责任，通过科举考试光耀门楣。宝玉没有去做这些，相反他很反对科考。从这个角度看，他确实“草莽”“无能”“不肖”，“于国于家无望”。换个角度来看，从超越世俗的精神角度来看，他又很能坚持自我，保持率真脱俗的人格。他也不是怕读文章而导致腹内草莽，在“试才”一回中，他所拟的“沁芳”“有凤来仪”及其他对联无不体现出他的博学多才、见识不俗。可见，宝玉不是不读书，而是不愿走科举考试之路而已，不愿低眉折腰做“国贼禄蠹”！

生2：我赞同上述同学观点。

我们先看宝玉的读书之路。温宝麟先生梳理了《红楼梦》中所体现的贾宝玉上学历程①：

三四岁时，已得大姊元春心传口授。识了数千字，念了几本书。

七岁，业师为之童蒙规训；旋即业师家归未返，宝玉学业暂且荒置。

九岁左右与秦钟入家学，数月后即作罢，学业又被荒置。

十三岁挨打后贾母做主，二门不许出，外人不会见，自修之学也停下。

十三岁至十五岁，贾政被点学差外任，宝玉乐得一直停学不上。

---

① 转引自温宝麟《〈红楼梦〉的教育反思与心理阐释》，北京：中国社会科学出版社，2011年版，第97页。

十六岁，贾政归京，宝玉再度入学。

不到十七岁，疯癫病发作，再度停学。

可见宝玉确实不喜欢上学的被束缚与被约束，但这并不能说明宝玉不爱读书，不学无术。第一，宝玉爱读书，也读了很多书。第七十三回宝玉得知贾政将要盘考他的学问，便连夜打算起来："肚子内现可背诵的，不过只有'学''庸''二论'是带注背得出的。至上本《孟子》，就有一半是夹生的，若凭空提一句，断不能接背的；至'下孟'，就有一大半忘了。"可见就是"四书五经"宝玉也读了不少。第二，宝玉非常喜欢读杂书，"杂学旁收"。比如第二十三回宝黛共读《西厢记》，就被传为佳话，其他书籍他还至少读过庄子的《南华经》、屈原的《离骚》等，怎能说他"怕读文章""腹内草莽"呢？第三，结合试才题对额时宝玉的表现，宝玉很有才华，也很有"牛心"。我觉得宝玉被认为"不肖"的秘密就在他自己所说的"天然"二字。他喜欢天然、自然，当然不喜欢被异化了的"四书五经"，也不喜欢走尔虞我诈的"仕宦之途"。

师：宝玉的叛逆还表现在人际关系的叛逆。他不喜结交官宦名流贾雨村，喜欢厮混于内闱之中，还说"我见了女儿，我便清爽；见了男子，便觉浊臭逼人"。对此你怎么看？

生 1：我觉得这是贾宝玉自由的天性使然。正像他不愿接受家族安排的"金玉良缘"，只愿意倾心于两情相悦的"木石前盟"，他遵从内心的选择，讲求生命的真率，坚守精神的纯洁，追求灵魂的愉悦。宝玉反对"人力穿凿"，讲求"天然"，所以他懒于也不屑于去见与世俗同流合污的贾雨村，宁愿在大观园自由的世界中"吃胭脂"。他不喜官场世俗社会，大观园里的自由世界又不能常存，我觉得贾宝玉是苦闷的。正如刘敬圻先生所说"一是摒弃了传统的以建功立业为内核的人生价值观念之后，却找不到比较恰当的人生位置而产生的苦闷；一是亵渎了（而不是背叛了）现存的以三纲五常为法典的人与人关系准则之后，却找不到真正和谐的立足之境而产生的苦闷"。① 我很同情苦闷的宝玉。

生 2：我觉得这种人际交往关系上的叛逆，恰恰是宝玉追求自由、逃避世俗的一种表现。正如上文讨论的，宝玉不愿入"禄蠹"之流。薛宝钗在劝他留意仕途经济时，他"就咳了一声，拿起脚来走了"，让宝姑娘好不尴尬。在《红楼梦》第三十二回中，史湘云劝贾宝玉"也该常常的会会这些为官做宰的人们，谈谈讲讲些仕途经济的学问，也好将来应酬世务，日后也有个朋友。没见你成年家只在我们队里搅些什么"时，贾宝玉说："姑娘请别的姊妹屋里坐坐，我这里仔细污了你知

① 刘敬圻：《明清小说补论》（增订本），哈尔滨：北方文艺出版社，2016 年版，第 419 页。

经济学问的”，显出了自己对湘云劝说的不满。他还因林黛玉不说这些混账话而引以为知己：“若他也说过这些混账话，我早和他生分了。”在贾宝玉看来他上可以去与北静王惺惺相惜，下可以结交戏子艺人蒋玉菡（琪官）、侠客柳湘莲，与贫困出身的秦钟也一见如故，但见贾雨村却“好不自在”。究其原因，还是人生观冲突。作为“无才补天”的顽石，宝玉不喜欢那些八面玲珑、左右逢源、迎来送往、蝇营狗苟的“功名之徒”，只愿意“为了自己的心”而生活，所以宝玉流连于有真情而自由的“内闱”也可以理解了。

师：宝玉的叛逆还表现在价值观的叛逆。他反对封建社会的等级观念，向往平等，追求自由自主的生活。对此你怎么看？

生 1：我认为这是宝玉人格中最闪光的地方。

作为贾府继承人的宝玉，按当时的社会环境，本可以高高在上、颐指气使，但他没有这样，反而表现出对贵族阶级的背叛，对平等自由的追求。第二十三回说宝玉自从搬进大观园后，“心满意足，再无别项可生贪求之心。每日只和姊妹丫头们一处，或读书，或写字，或弹琴下棋，作画吟诗，以至描鸾刺凤，斗草簪花，低吟悄唱，拆字猜枚，无所不至，倒也十分快乐。”根据任务一的讨论，实际上这是宝玉社会背叛性的另一层面的体现，大观园外的社会在宝玉看来充满了束缚、虚伪与污浊，只有这里才能给他心灵的自由和快乐。

生 2：我也非常赞赏宝玉的平等自由观。

实际上，宝玉号称“怡红公子”，除按“怡红快绿”取名外，还因其取悦女性的愿望，这是他平等观真实的体现。如第三十回他自己淋了雨却浑然不觉，反而提醒画“蔷”的龄官赶快去避雨；第三十五回他自己烫了手，倒反问别人疼不疼。再如凤姐泼醋时平儿受了贾琏、凤姐的打骂，满腹委屈，宝玉倒替贾琏和凤姐赔不是，还为平儿理妆；彩云偷了玫瑰露，伍儿送茯苓霜惹了事，宝玉怕她们受到责罚，自己都揽了下来；为琪官挨打时，他说：“我便为这些人死了，也是情愿的。”宝玉真是为别人“操碎了心”，一片真情向人生。即使是对陌生人，宝玉也是一腔济世情怀，如他让茗烟去寻找雪地抽柴的姑娘茗玉，还说这样的人是虽死而不死的。

面对冷冰冰的社会等级制度，宝玉用行动诠释了人性的平等、温暖与善良之光。尽管，这束光照亮不了多远。

（三）固守：恪守政道贾存周

有个微生高的故事很有趣。《论语·公冶长》：“子曰：‘孰谓微生高直？或乞醯焉，乞诸其邻而与之。’”又《庄子·盗跖》记录：“尾生与女子期于梁下，女子不来，水至不去，抱梁柱而死。”很多学者认为这应该是同一个人。尾生抱柱而死，有人赞其守约有信，有人讽其迂腐不化。反正孔子是不赞成微生高问邻家借醋与人的行为，认为这是酸腐不是正直，是执拗不是变通。文人读书最怕读成“两脚书橱”，酸腐冥顽，泥古不化，就像孔乙己老脱不下长衫，还念念不忘“茴”字的四种写法。贾政也有此特点。他面对纷繁变化的人和事，不同于贾雨村的随势顺化，更区别于贾宝玉的叛逆率真，他选择了凝滞固守的生存方式。他的思想行为迂腐而又缺少变通，且看这样两段：

第九回　恋风流情友入家塾　起嫌疑顽童闹学堂(节选)

贾政因问：“跟宝玉的是谁?”只听外面答应了两声，早进来三四个大汉，打千儿请安。贾政看时，认得是宝玉的奶母之子，名唤李贵。因向他道：“你们成日家跟他上学，他到底念了些什么书！倒念了些流言混语在肚子里，学了些精致的淘气。等我闲一闲，先揭了你的皮，再和那不长进的算帐!”吓的李贵忙双膝跪下，摘了帽子，碰头有声，连连答应“是”，又回说：“哥儿已念到第三本《诗经》，什么‘呦呦鹿鸣，荷叶浮萍’，小的不敢撒谎。”说的满座哄然大笑起来。贾政也撑不住笑了。因说道：“那怕再念三十本《诗经》，也都是掩耳偷铃，哄人而已。你去请学里太爷的安，就说我说了：什么《诗经》古文，一概不用虚应故事，只是先把《四书》一气讲明背熟，是最要紧的。”李贵忙答应“是”，见贾政无话，方退出去。

第三十三回　手足眈眈小动唇舌　不肖种种大承笞挞(节选)

宝玉急的跺脚，正没抓寻处，只见贾政的小厮走来，逼着他出去了。贾政一见，眼都红紫了，也不暇问他在外流荡优伶，表赠私物，在家荒疏学业，淫辱母婢等语，只喝令“堵起嘴来，着实打死!”小厮们不敢违拗，只得将宝玉按在凳上，举起大板打了十来下。贾政犹嫌打轻了，一脚踢开掌板的，自己夺过来，咬着牙狠命盖了三四十下。众门客见打的不祥了，忙上前夺劝。贾政那里肯听，说道：“你们问问他干的勾当可饶不可饶！素日皆是你们这些人把他酿坏了，到这步田地还来解劝。明日酿到他弑君杀父，你们才不劝不成!”

作为封建科举制度的坚定维护者，贾政认为一气讲明背熟《四书》是最要紧的；作为封建伦理的卫道者，贾政因流荡优伶、表赠私物、荒疏学业、淫辱母婢而毒打宝玉。贾政威严而不可爱，他恪守着僵化的、不合时宜的封建固有礼教，谨小慎微。正像他的名字一样，贾政，字存周，作为儒家文化的服膺者，他持守“周”的信念，竭力维护着“以文教化”的传统，强调社会的礼治秩序。宝玉抓周时“只把些脂粉钗环抓来”，被他斥为将来是“酒色之徒”；元妃省亲，贾政面对哭诉去了那“见不得人的去处”的至亲女儿，很官方地告诫女儿要以国事为重，暇时保养切勿挂念云云，全是场面话。

从封建传统视角来看，贾政人品端方、忠诚正直、谦恭厚道、风声清肃。“贾政最喜读书人，礼贤下士，济弱扶危，大有祖风”，是忠臣孝子，是好官员、好儿子、好丈夫、好父亲。但从另一方面看，他迟钝迂腐、糊涂守旧、食古不化、固守成规。对于贾政的几种角色我们逐一分析。贾政作为忠臣、好官，在元妃省亲时，他含泪启道：“惟朝乾夕惕，忠于厥职外，愿我君万寿千秋，乃天下苍生之同幸也。”贾府抄家，在被锦衣军翻箱倒柜、逞凶施威以后，他面朝北面，含泪谢恩。以上种种，表现出他忠心体国、一片赤诚。但是在他外任做江西粮道时，却不懂吏情，被“恶吏”们瞒哄，最终因“不谙吏治，被属员蒙蔽”的罪名被参回京 。如此来看，他是好官员吗？再看“好儿子”角色，在宝玉挨打一回中，他跪在母亲面前痛哭流涕，惭悔不已；平时有什么好吃的、好玩的，他总是先行奉上，让母亲亲尝、过目；安排家宴，也会讲个笑话谜语，博母欢颜。可是面对贾府的败落以及抄家后家族的管理却一筹莫展，他算是好儿子吗？贾政要做好丈夫，却与正妻王夫人貌合心不合，反在世俗而又泼辣的赵姨娘那里寻求寄托。他要做好父亲，却根本不懂宝玉之心，认为宝玉所言为“混账话”，面对题对额的儿子非但不加赞赏，还屡屡打击，怎能不让宝玉见他“一溜烟”跑掉呢？

区别于宝玉，贾政代表了另一种生命的范式。他以孔孟之道立身，持身严谨，不苟言笑，厚道清高有余，精明强干不足。有人说他是封建末世的正统文人，有人说他是典型的伪君子，有人说他是不学无术欺世盗名的假道学，可谓仁智互见。总体看，贾政以持正固守为立身处世的法则，他的悲剧可叹可悲又很可怜，既是个体生命的悲剧，也是社会的悲剧。

（四）隐退：世人都晓神仙好

个体生命无法脱离社会而单独存在，融入社会往往又易失去自我。读过《红楼梦》的人都知道贾宝玉很讨厌别人说“混账话”，这个“混账话”是主动融入主流社会走上仕途经济之路。总体来看，《红楼梦》中男子走上“仕途经济”的路径主要有三：一是世袭或加赐，主要是因祖宗功业而蒙恩。世袭者如贾赦、贾珍之流，蒙恩加赐者如贾政；二是捐官，又称“捐纳”，指士民向国家捐纳钱物以获得爵位官职，如贾琏、贾蓉之辈；三是科考，通过读“四书五经”参加科举考试登上仕途，贾雨村和贾兰就是这样，如果按通行版本，贾宝玉最后也通过了科举考试，贾敬也曾考中了进士后来出家为道，林如海则高中探花。

在这本反映“人情”“世情”的书里，甄士隐的生命状态却是一个另类的存在。书中以“楔子”和“尾声”的方式展现了这个线索式的人物。我们来看“楔子”中对这个“觉悟”之人的叙述：

第一回　甄士隐梦幻识通灵　贾雨村风尘怀闺秀(节选)

那士隐夫妇，见女儿一夜不归，便知有些不妥，再使几人去寻找，回来皆云连音响皆无。夫妻二人，半世只生此女，一旦失落，岂不思想，因此昼夜啼哭，几乎不曾寻死。看看的一月，士隐先就得了一病；当时封氏孺人也因思女构疾，日日请医疗治。

不想这日三月十五，葫芦庙中炸供，那些和尚不加小心，致使油锅火逸，便烧着窗纸。此方人家多用竹篱木壁者，大抵也因劫数，于是接二连三，牵五挂四，将一条街烧得如火焰山一般。彼时虽有军民来救，那火已成了势，如何救得下？直烧了一夜，方渐渐的熄去，也不知烧了几家。只可怜甄家在隔壁，早已烧成一片瓦砾场了。只有他夫妇并几个家人的性命不曾伤了。急得士隐惟跌足长叹而已。只得与妻子商议，且到田庄上去安身。偏值近年水旱不收，鼠盗蜂起，无非抢田夺地，鼠窃狗偷，民不安生，因此官兵剿捕，难以安身。士隐只得将田庄都折变了，便携了妻子与两个丫鬟投他岳丈家去。

……

可巧这日拄了拐杖挣挫到街前散散心时，忽见那边来了一个跛足道人，疯癫落脱，麻屣鹑衣，口内念着几句言词，道是：

世人都晓神仙好，惟有功名忘不了！古今将相在何方？荒冢一堆草没了。世人都晓神仙好，只有金银忘不了！终朝只恨聚无多，及到多时眼闭了。世人都晓神仙好，只有姣妻忘不了！君生日日说恩情，君死又随人去了。世人都晓神仙好，只有儿孙忘不了！痴心父母古来多，孝顺儿孙谁见了？

士隐听了，便迎上来道："你满口说些什么？只听见些'好''了''好''了'"。那道人笑道："你若果听见'好''了'二字，还算你明白。可知世上万般，好便是了，了便是好。若不了，便不好；若要好，须是了。我这歌儿，便名《好了歌》。"士隐本是有宿慧的，一闻此言，心中早已彻悟。因笑道："且住！待我将你这《好了歌》解注出来何如？"道人笑道："你解，你解。"士隐乃说道：

陋室空堂，当年笏满床，衰草枯杨，曾为歌舞场。蛛丝儿结满雕梁，绿纱今又糊在蓬窗上。说什么脂正浓、粉正香，如何两鬓又成霜？昨日黄土陇头送白骨，今宵红灯帐底卧鸳鸯。金满箱，银满箱，展眼乞丐人皆谤。正叹他人命不长，那知自己归来丧！训有方，保不定日后作强梁。择膏粱，谁承望流落在烟花巷！因嫌纱帽小，致使锁枷扛；昨怜破袄寒，今嫌紫蟒长：乱烘烘你方唱罢我登场，反认他乡是故乡。甚荒唐，到头来都是为他人作嫁衣裳！

那疯跛道人听了，拍掌笑道："解得切！解得切！"士隐便说一声"走罢！"将道人肩上褡裢抢了过来背着，竟不回家，同了疯道人飘飘而去。

● 学生分享

生 1：我认为生命是不可捉摸的。甄士隐的生命可谓是红楼男子中一个别样的存在。甄士隐谐音“真事隐”，本是乡宦，虽不太富裕，却也被本地推为望族，不失为小康之家。甄士隐热心而风雅，听穷书生贾雨村吟诗，知其非久居人下之辈，可谓“弦歌知雅意”。“速封五十两银子，并两套冬衣”，可见甄士隐的热心肠。“临行赠冬衣，唯恐深冬寒”，有论者认为甄士隐有一副慈父心肠。可就是这样一个善良慈悲的“中产”，却先后遭受灾祸，女儿英莲走失，家产被葫芦庙大火殃及焚为灰烬。当一切成空，岳父封肃不容，贫病交加几近下世。面对不可捉摸的命运，甄士隐的生命观也发生了巨大的变化，最终“同了疯道人飘飘而去”。

生 2：我认为生命是虚空的存在。红楼一梦，如果说贾雨村的梦指向迷失沉沦，甄士隐的梦则指向清醒彻悟。功名、金银、娇妻、儿孙，到头来不过是一枕黄粱，梦醒时分，唯有孤身暗夜长。笏满床也会变为陋室空堂，歌舞繁华只剩衰草枯杨，雕梁结蛛丝，绿纱糊蓬窗，一世名利纷纭，到头来，唯有一片白茫茫的大地真干净。正所谓“假作真时真亦假，无为有处有还无”，如果把身外之物的“假”、功名利禄看得真了重了，人性中的真善美、真性情、良知良能也就不存在了；反过来，如果能把人性中的“无”、人性人情之美看得真了、重了，就会忽略浮世功名烟尘。甄士隐正是了悟此理，才将生命付与“虚无”。

生 3：我认为生命是经验的过程，只有经历才是生命最重要的财富。功名利禄、娇妻美妾所代表的是无尽的欲望，而这种欲望在纷繁无定的社会人生中，会翻转腾挪、起伏不定。正是因为甄士隐经历了失女之痛、焚屋之悲、受辱之伤、染疴之苦，痛定思痛才大彻大悟，从而超脱欲望，摆脱苦痛。试想如果不经历此等地狱般的磨炼和煎熬，甄士隐恐怕还是一个守着妻女和家产的“俗人庸人”。从这个角度说，我们要感谢苦难，尊重经历。

博雅讲堂

返璞归真：持心若水顺时宜

老子说：“知人者智，自知者明。”人难以了解他人，同样也难以了解自己。我们常常会针对个体生命发出这样的追问——“我是谁?”我是谁呢？我是由哪些不同的面构成的呢？哪一面才是最真实的自我呢？我存在的价值和意义又是什么呢？怀着对自我认识原初的渴望，我们对个体生命不断地深入探寻。

史铁生说："去除种种表面上的原因看，写作就是要为生存找一个至一万个精神上的理由，以便生活不只是一个生物过程，更是一个充实、旺盛、快乐和镇静的精神过程。如果求生是包括人在内的一切生物的本能，那么人比其他生物已然又多了一种本能了，那就是不单要活还要活得明白……"怀着活得明白的思考，孔子对我们发出了要"和而不同"的谆谆教导，庄子要求我们"举世誉之而不加劝，举世非之而不加沮，定乎内外之分，辩乎荣辱之境"，白居易告诉我们"我生本无乡，心安是归处"，苏东坡感喟"泥上偶然留指爪，鸿飞那复计东西"。纵览人类思想的长河，无数文人墨客、学人名士都在探讨人本身存在的真谛，寻找生命存在的意义和价值。

那么，生命存在的价值究竟是什么呢？我们如何来处理"我与他"之间的关系？如何来面对我与社会的纠葛呢？我们又如何来安顿自我生命，获得心灵的宁静与幸福呢？

按照叔本华的观点，人的欲望永无止境，生命有欲望就有痛苦，一个欲望的满足又会是另一个欲望的开始，欲望满足，就会厌倦无聊；欲望不能满足，则会痛苦不止。如何摆脱这一苦痛，是人生重要的课题。纵览古今，面对名利纷争的社会，人生不外乎这样几种样态：事功、隐退、随俗与殉道。纵浪大化，只有能淡泊名利，知足知止，内心有主宰，揽住欲望的缰绳，方能心灵有序，摆脱苦痛。

(一)功成身退：鲁仲连与范蠡的处世之道

"太上有立德，其次有立功，其次有立言，虽久不废，此之谓三不朽。"(《左传·襄公二十四年》)这里的"功"，"义为用辛劳安定国家的功绩、功业""从力，从功，亦劳作之意。"(《说文解字》)后来发展到南宋陈亮、叶适的"事功"之说，这里的"事"是经世之事，"功"指做事的结果或效果，是从国家本位追求有所成效和建树的价值观念。按照传统所崇尚的观念，较高的道德标准是"立功而不居功"。现代学者胡适说"功成不必在我，功成必定有我"，也是强调我们要以"事功"的精神做事，实现自我价值，然后返璞归真、持心若水，功成而不居，淡泊名利谦恭自守。

古风(其十)

李白

齐有倜傥生，鲁连特高妙。
明月出海底，一朝开光曜。
却秦振英声，后世仰末照。

意轻千金赠，顾向平原笑。

吾亦澹荡人，拂衣可同调。

李白在这首《古风》里高调赞扬了鲁仲连功成不居、功成身退的做法。开篇的“高妙”一词，表现了其卓绝的谋略和高洁的情操，一个“特”字，把太白的仰慕之情道出。在李白看来，鲁仲连出手救赵就像“明月出海”，其光辉足以照亮千古已降的后人。鲁仲连按照道义反驳辛垣衍的“帝秦”之说，坚定主张“却秦”，打消了平原君的犹豫与疑虑，可谓义正词严、掷地有声。当秦兵退去赵国得以保全，平原君以千金相赠，鲁仲连却笑说：“所贵于天下之士者，为人排患释难、解纷乱而无取也。即有所取者，是商贾之人也。仲连不忍为也。”这种功成身退的高洁，显然令想要有所作为，“事了拂衣去，深藏身与名”的李白渴慕不已。

“范蠡功成身隐遁，伍胥谏死国消磨。”范蠡助越王勾践“三千越甲可吞吴”成就了霸业。“百战功高范蠡归”，范蠡功成身退、泛舟湖上固然有避祸自保的因素，但也须舍得下已有的成就而淡泊名利。和鲁仲连一样，范蠡、张良、介之推作为功成身退、返璞归真的智者，都受到了后人的敬仰，他们的身上都闪烁着个体生命的理想人格光辉。

(二)殒身守道：屈原与文天祥的自主抉择

当个体与社会发生碰撞，在强大的社会面前个体无力做出改变时，有些人选择了持心守道，向死而生。渺小的个体不足以挽回崇高的理想，他们用生命对社会表达了最后的不屈和抗议。“死而不亡者寿”，他们以悲壮的方式守道不渝，站在了道义的制高点，成为一尊尊贞洁的雕塑，供后人敬仰和膜拜。

屈原至于江滨，被发行吟泽畔，颜色憔悴，形容枯槁。渔父见而问之曰：“子非三闾大夫欤？何故而至此？”屈原曰：“举世混浊而我独清，众人皆醉而我独醒，是以见放。”渔父曰：“夫圣人者，不凝滞于物，而能与世推移。举世混浊，何不随其流而扬其波？众人皆醉，何不餔其糟而啜其醨？何故怀瑾握瑜，而自令见放为？”屈原曰：“吾闻之，新沐者必弹冠，新浴者必振衣。人又谁能以身之察察，受物之汶汶者乎？宁赴常流而葬乎江鱼腹中耳。又安能以皓皓之白，而蒙世之温蠖乎？”乃作《怀沙》之赋。……于是怀石，遂自投汨罗以死。

(司马迁《屈原列传》)

屈子沉江，千古悲剧！屈原心怀崇高的美政理想，以楚国兴盛为已任，这份济世情怀却成了一厢情愿的悲情。正直而遭贬，忠诚却被放逐，内外忧劳，“颜色憔悴，形容枯槁”。此时的屈原面对楚国社会强大的“小人集团”，只能感叹“举世混浊”。而他又不愿随波逐流、与世推移，只能“怀瑾握瑜”付身清流来坚守自己的“皓皓之白”。屈原是伟大的，因为他为自己的理想做出了艰苦卓绝的努力，并不惜牺牲自我最宝贵的生命。“人生自古谁无死，留取丹心照汗青”，在面对是坚守家国大义还是屈身仕元的选择时，文天祥和屈原一样选择了向死而生。他们持心若水，用自己的生命表达了对当时社会的不满与抗争，这份坚守和胆魄令人落泪！

(三)随俗浮沉：范进与孔乙己的尴尬生命

在这个熙来攘往的社会中，让个体生命容易中毒至深的无外乎名利权势，正如闲斋老人《儒林外史·序》云：“其书以功名富贵为一篇之骨：有心艳功名富贵而媚人下人者；有倚仗功名富贵而骄人傲人者；有假托无意功名富贵自以为高被人看破耻笑者”。可惜的是，“世人一见了功名，便舍着性命去求他，及至到手之后，味同嚼蜡。自古及今，哪一个是看得破的！”范进如此，孔乙己更是如此，他们皆沉湎于科举所通达的名利场中不能自拔，直至沉沦了自我，甚至丧失了性命。比如范进中举后：

范进不看便罢，看了一遍，又念一遍，自己把两手拍了一下，笑了一声道：“噫！好了！我中了！”说着，往后一交跌倒，牙关咬紧，不省人事。老太太慌了，慌将几口开水灌了过来，他爬将起来，又拍着手大笑道：“噫！好！我中了！”笑着，不由分说，就往门外飞跑，把报录人和邻居都吓了一跳。走出大门不多路，一脚踹在塘里，挣起来，头发都跌散了，两手黄泥，淋淋漓漓一身的水，众人拉他不住，拍着笑着，一直走到集上去了……来到集上，只见范进正在一个庙门口站着，散着头发，满脸污泥，鞋都跑掉了一只，兀自拍着掌，口里叫道：“中了！中了！”胡屠户凶神似的走到跟前，说道：“该死的畜生！你中了甚么?”一个嘴巴打将去。众人和邻居见这模样，忍不住的笑。不想胡屠户虽然大着胆子打了一下，心里到底还是怕的，那手早颤起来，不敢打到第二下。范进因这一嘴巴，却也打晕了，昏倒于地。众邻居一齐上前，替他抹胸口，捶背心，舞了半日，渐渐喘息过来，眼睛明亮，不疯了。

(《儒林外史》节选)

具有讽刺意味的是小说家吴敬梓对于范进中举后的情节安排，由发疯而晕厥，由狂奔而跌进塘里，直至用挨嘴巴来医疯。有人说这一巴掌不是打在范进的脸上，是打在科举制度的脸上，打在名利场的脸上。确实，这一巴掌该打！这一巴掌的背后是“范进们”随俗浮沉的人生，是“范进们”屡被嘲弄的尴尬命运。

作为主动、执着的八股科举应考者，范进的人生是尴尬的。范进首先遇到的是年龄的尴尬。时年五十四岁的范进，参加科考二十余次未果，而他童生册上年龄是三十岁，为了延缓致仕，减年达二十四年之多。其次是范进境遇的尴尬，中举后竟然喜极而疯，以挨嘴巴而告终。再次是学识的尴尬。由于八股文限制了读书人的视野和格局，范进知识面相当狭窄，当了主考官的他竟不知苏轼何许人也。还有人品的尴尬。母亲去世后，在张静斋的诱导下决定为母庐居三年居丧尽礼的范进，一方面连银镶杯箸和象牙筷子都不敢用，另一方面却同张静斋去高要县打秋风大吃虾元子。

鲁迅笔下的孔乙己也好不到哪里去，贫困潦倒却不愿意脱下象征读书人身份的长衫，站着喝酒还不忘“之乎者也”，明明是偷书却掩耳盗铃说成是“窃书”，被丁举人打断了腿却死要面子说成是“跌”……可见，在八股科举制度的熏染下，他们已经完全放弃了道义理想和独立人格，被科举文化异化为了追名逐利的工具。范进中举后，有来奉承他的，有送田产的，有送店房的，还有那些破落户，两口子来投身为仆图荫庇的。不到两三个月，范进家奴仆、丫鬟都有了，钱、米更是不消说了。随俗浮沉，醉心名利，这正是范进孔乙己们趋之若鹜、飞蛾投火的根本诱因。

当代之声

走进《红楼梦》，就走进了人与社会的场域，不同的价值观就会导向不同的行动方式。无论是顺化、叛逆、固守，还是隐退，都是人生的一种选择，都体现了人生的一种样态。古鉴不远，让我们以古为镜走进当代世界，在学校“人与社会”主题诗歌推介项目活动中发出自己的声音，推荐相关的诗歌作品，并附以推荐理由。

师生荐文

(一)教师推荐

我推荐台湾诗人纪弦的《七十自寿》一诗。“人与社会”是亘古至今都要面对的话题，我们无法回避“我是谁”“我从哪里来”“要到哪里去”这样的哲学命题。

林语堂曾经说：“中国哲学家是一个睁着一只眼睛做梦的人……他睁着一只眼，闭着一只眼，看穿了他周遭所发生的事情和他自己努力的徒然，可是还保留着充分的现实感去走完人生的道路。”纪弦虽非哲学家，却是善于思考的中国人，他对于人与社会的关系有自己独到的见地，他清楚生命之有限，社会角色之多元，他始终保持着一颗赤子之心去面对生命，面对永恒的价值追求。

这首《七十自寿》充满了真情至性，挥洒着睿智通达。圣人说："七十而从心所欲，不逾矩"，这是大自由！这种"不知老之将至"的闲适与旷达之中，有多少穿越社会荆棘留下的疤痕与辛酸，有多少人事磨戛留下的创伤与苦痛，然而"曾经沧海难为水"，这一切都被诗人咀嚼后淡然咽下，诗中所见是涌动于内心深处的情感热流，是生命底蕴的完整展现。"难道你还想再爬一次天梯去摘他几颗星星下来玩玩吗?"这份冲动与顽皮，这份执拗与追求，源于古稀之年的诗人内心的澄明与豁然。因为"对于国家民族，我是问心无愧。对于列祖列宗，子子孙孙，以及毁我的誉我的同时代人，我想，我也已经交代得清清楚楚的了。"是啊，当一切都已交代得清清楚楚，内心一无牵挂，无所谓荣耀也无所谓沮丧，现在才是最可留恋的时光，才最值得"相看两不厌，无言以终老"。

如何面对纷繁的社会关系，如何处理人生的价值与追求，如何永葆赤子之心，我想此诗已含蓄而智慧地作答。

(二)学生推荐

何以处世

——《生活》《一代人》推荐词

"黑夜给了我黑色的眼睛，我却用它寻找光明。"顾城的《一代人》历经数年仍然脍炙人口，只有二十多字的短诗却充分表达了作者在现实中坚守理想的坚韧姿态。相较之下，北岛的《生活》一诗仅用一个"网"字，更加辛辣地道出了人生在世的无奈感。人自呱呱坠地那一刻起，便落入这张大网，作为网上的一个"结"与亲友相连、与社会相连。一个人在社会中社交，以获取情感上的满足和支持，却又难免被群体裹挟，限制在条条框框中，逐渐成为勒庞笔下的"乌合之众"。

时过境迁，《生活》和《一代人》何以引起当代人的强烈共鸣？依我之见，在于作者排除万难的"寻找"精神，向读者展现生命立于社会之上的姿态——前者道出现实的真相，后者鼓舞读者在纷乱之中仍能坚守自我，不安于现状。遭受苦难挫折时心怀希望的生命态度成了不少人前进道路上的灯塔。这便是诗歌带给生命的精神力量，让人看清社会的同时，勇于坚守理想。

无论是北岛以"网"一言以蔽之，还是顾城以"黑夜"相比，乍一看，在两位相同时代的诗人笔下"生活"都有着相似的束缚感和无奈感。马克思说："人是最名副其实的社会动物，不仅是一种合群的动物，而且是只有在社会中才能独立的动物。"正如鲁迅勇于发出冲破铁屋子的呐喊，北岛与顾城以朦胧浪漫的笔调反思历史，纵然是被千丝万缕的网束缚也要翩翩起舞；纵然是漫漫长夜也遮蔽不住一双双渴求光明的锐目。两人的诗歌不仅仅蕴含了对现实社会的批判，更是对希望的求索。生命依附于社会，而又超脱于社会，正如诗人冷冽的目光扫过现实，刺破一切黑暗，继而向往光明的重构。这是人这棵“会思考的芦苇”所特有的反抗精神和悲悯情怀。

有人说：没有理想的现实是虚妄，没有现实的理想是无望。北岛曾以“卑鄙是卑鄙者的通行证，高尚是高尚者的墓志铭”道破人类社会的悲哀。任何时代人们都难免对现实产生迷茫和质疑，发出“生命如何在社会之中安放”的疑问。顾城《一代人》在迷茫空虚之时仍能发出“我却用它寻找光明”的宣言，是何等的勇气！鲁迅道：“我们从古以来，就有埋头苦干的人，有拼命硬干的人，有为民请命的人，有舍身求法的人……这就是中国的脊梁。”“穷且益坚，不坠青云之志”，时刻在苦难中心存希望，奋起行动，任何一个时代都将是生逢其时。上述两首诗即是如此，用“世界以痛吻我，我却报之以歌”的从容态度，回答了人们面对社会的迷茫。

如顾城所言，人可生如蚁而美如神。面对困境，不妨静心品读《生活》与《一代人》，生命在社会面前可以化被动为主动，以充满韧性的不屈精神立于社会之上。

（2021级　王悦然）

《断章》推荐词

人与人之间的关系是个大主题，《断章》短短四行，意蕴丰富，熔铸了浓厚的哲学思辨意识，兼具文字的凝练美、意境的遐想美与哲思的深邃美。

卞之琳的现代诗《断章》流传颇广，原因正在于它常读常新、耐人寻味。它的意境并不是靠将笔墨挥洒在对风景的描绘上堆砌出来的，而是利用民族文化心理，自然地在每一位读者心中留下了美的印迹与遐想的空间。

“你”既是看风景的主体，也是“楼上人”所看风景中的客体。明月是“你”窗子上的装饰，而“你”是“别人”人生中的一轮明月，在梦中装点着美。一个心旌摇曳，一个浑然不觉，一个有情，一个无意，似乎人与人之间，在自觉与不自觉之间，发生着这样或那样的相对关系。卞之琳曾言：“我着意在这里形象表现相对相亲、相通相应的人际关系”。我们常常将不同的人生认知为短暂相交便分开的直线，将孤独视为必然，似乎交汇只是孤寂的人生的一部分。然而，正是与他人的交互，完整了生命，装点了人生。人的本质是一切社会关系的总和。在宇宙和人生中，一切事物都是相对而互相关联的，没有真正的孤立，不可“断章”！

“断章”之名是因截取于一首长诗，但我也有另一种颇有过度解读之嫌的理解。每一个个体都能以第一人称的视角，直觉地感知到我自己是有心灵体验的，却无法感知他人，便有了心灵感知的不对称性，这便是哲学上著名的“他心问题”。即我们每个人在主观感知下的世界都是“断章”的，就像沉浸在风景中的桥上人不觉楼上人的痴情一样。

我想，通过选择和确立他者可以更好地确定和认识自我，而完满自己对世界的认知，不妨从一首《断章》开始。不论将其读成一首情诗，抑或是艰深的哲理诗，都无妨。细细品鉴那浓郁隽永的情思、独出机杼的题旨、把玩不尽的理趣，便能感受到这首简短现代诗的无穷魅力。

因为我们每一个人在社会中都只拥有相对性的人生。

（2021 级　白芸榕）

《面朝大海，春暖花开》推荐词

我推荐海子的《面朝大海，春暖花开》。

社会与社会中的人是如此可爱，将爱与关切送至闭塞的心灵；社会与社会中的人又是如此可恶，将苦难的担子嵌入生命的肩头。有些人因享受更多而拥抱社会，让社会愈发可爱；有些人因受难更深而憎恶社会，让社会愈发可恶；有些人因这种爱恨交织而痛苦挣扎，生活在纠结、迷茫和失控之中。人如何面对社会，这是个永恒的话题，而在这首《面朝大海，春暖花开》里，我们能收获其中一种答案。

若是将全诗通读，或许可将它归于两句话：海子说，要将幸福献给明天和世界；海子说，自己只愿面朝大海，春暖花开。根据海子的经历，我们不难看出，他是于社会所带来的苦难之中，给予这平凡而美好的社会最真挚的祝福，又径自面向大海，寻求内心的净土。

我想，这正是海子的通透豁达之处。他作为诗人，尤其是一个立志为天地万物作诗的诗人，有着阔远的视角和广博的心胸。他于社会中生长，于社会中经历，但思想境界已然凌于社会之上。他迈入神秘深邃的大海，在其中见识了古往今来、东西兼具的思想家、哲学家、诗人，这里是他的春暖花开之地，亦是他的心灵归宿所在。再看社会，那些烦扰的琐事与苦难都已不值一提。他面带微笑地为社会献上祝福，感知一切美好事物，因为这让他的内心感到平静又充盈。守护这份平静，正对应诗中那句“面朝大海，春暖花开”。

同样作为这社会中的一分子，我们也可以学习海子面对社会的方式。不妨尝试将思绪抽离，感受宇宙的辽旷，此时我们意识到人类社会的渺小，也意识到我们不必将自己拘泥于此。此后，无论人生何去何从，无论出世或是入世，于社会中守得内心的沉静，足矣。

唯愿，每一个鲜活的生命在纷纭的社会，都能面朝大海，春暖花开。

（2021级　任雨飞）

笔落抒怀

师生感悟

古人云："读万卷书，行万里路"，无论是读书还是行路，都是生命经验的过程。我们在读书中获得了间接经验，在行路中积累了直接经验，生命在此中得到滋养，得以成长。"世事洞明皆学问，人情练达即文章"，生命是一本大书，值得我们细细品味，慢慢体会。

我们走进了一个又一个的生命世界，开阔了格局，提升了境界，心中是否也有了些不吐不快的想法？你有哪些人与社会关系的想法呢？不妨将这些文字留在成长的记录册上。

(一)教师个人分享

与这个世界温暖相拥

人不是一座孤岛，而是与环境、与他人紧密相连的共同体。约翰·多恩在《沉思录》中写道："人不是岛，本身并不完备，每个人是大洲的一小块，大陆的一部分。如果一块被海洋冲走，欧洲就缩小了一点……任何人的死都使我缩减，因为我参与人类之中。"鲁迅说："无穷的远方，无尽的人们，都和我有关"。我是万物的标尺，构成并塑造着我们赖以存在的社会。

"至圣先师"孔子从历史的彼端传来谆谆教诲：忠恕。我们面对日益"精致利已"的社会，要心怀仁义，学会"立人达人"，并牢记"已所不欲，勿施于人"。共情是现代人必不可缺的交往能力，我们要学会将心比心，换位思考，这将会使我们在生活中与人交往时更加融洽与和谐。所谓"仁以安人，义以正我"，心怀悲悯，"眼前见天下无一个不好人"。对于意见和分歧，我们要学会和而不同，要建设不要破坏，以人为目的而不是工具。"本立而道生"，内心的根本立起来了，社会就会变得丰富阔大而温暖光亮。

"一肚皮的不合时宜"是东坡的坚守，"《广陵散》于今绝矣"是嵇康的决绝，在大是大非面前，底线思维须得牢牢铸实。我们要做挺立在寒冬的劲松红梅，不要做趋炎附势的墙头小草。通权达变可以让我们在人际交往中更加智慧和灵活，通向罗马的道路绝不只一条，换个角度换条路线，或许会柳暗花明。

叔本华认为生命本苦，因为人的欲望无法消除。王国维进一步说欲望得不到满足就会产生追逐中的苦痛，欲望得到满足就会空虚和无聊。其实这都是悲观主义的看法。有人说人生不如意事十之八九，林清玄却告诉我们要“常想一二”。“只有半瓶水”和“还有半瓶水”的不同想法，区分了我们认识世界的方式。常怀乐观之思，社会中的每一朵花都会为你开放。我们不必纠结于不可把握的名利浮云，知足知止淡泊恬静，可以让我们远离叔本华之困。“世界以痛吻我，我要报之以歌”，我们要学会与这个纷繁的社会温暖相拥。

“持心若水顺时宜”，时代和社会给了我们挥洒的舞台，我们没有理由不站在时代的潮头，“手把红旗”实现生命的价值。心怀家国，胸有乾坤，让生命尽情地展示属于它的活力与激情吧。

(二)学生写作交流

以“小事”回馈社会

在很多人眼里，社会并不总是一个让人尽情驰骋的地方。你或许记得它给过你的羁绊与坎坷，你或许可以信手拈来它的不尽如人意，但我们不应忘了，那通常被理所应当地接受的它于无声处的馈赠，以及我们也是其中的一员。我们应该为社会做些力所能及的“小事”，这是每个人都应该有的意愿，也是责任。

有人认为，小事太“小”，只有大作为才能真正改变社会，由此便无所作为，随波逐流。但他们忽略了关键的一点：大事业都不是一蹴而就的，正是一个个小的作为才最终发展为了大成就，而任何小举动都可能在日后成为意想不到的伟大事业。塞罕坝的壮美让人惊叹，可又有多少人见过于沙漠之中扎根的第一株小苗，与此后三代人种下的六十载光阴；传世巨著的源头也许只是曾经天马行空的畅想；每一位享誉业界的音乐剧演员最初也只在小剧场的舞台发光。“合抱之木，生于毫末；九尺之台，起于累土；千里之行，始于足下。”任何伟大的事业总以微小开端，而终能以圆满落幕。何况，一屋不扫，何以扫天下？

“小”和“大”也是相对的，在你看来的“小”作为，也许在他人的立场甚至在历史大局中看，已然被赋予了更宏大的意义。就如你捐出的几件衣物可能会让千里之外受灾的人免于寒冷，感受到人间的温情。翻开史书，不乏小作为改变历史的事例。如果没有那位放走曹操的小官陈宫就不会有后来的三国鼎立；没有郑侠的一幅《流民图》震动龙颜，王安石的变法也许还会在一片无人知晓的民怨中推进几十年。很多时候正是一个个“小”人物的“小”作为，才促成了历史中看似偶然的巨大转折。

即便“小”事果真平凡，但聚沙成塔，众多的“小”人“小”事合在一起，也能产生巨大的作用，推动历史的发展。疫情肆虐时，军民医护携手同心，众志成城做出坚强回应。1927 年工农革命的旗帜高高树起，举国上下一片响应，星星之火由此点燃了中华大地……这样的例子不可胜数。每个人都为社会做点力所能及的小事，正能量和善意的潮流便能源源流淌，在不知不觉间，如树木聚成了林，滴水汇为了溪。

个人是社会的有机组成部分，社会也是无数个人组成的有机整体，正是每个人的作为塑造了一个社会的模样，我们的所作所为也终会被作用于我们自己。消极的等待无助于社会的进步和国家的发展，对社会做出贡献也不能总指望他人。“己欲立而立人，己欲达而达人。”你不愿再有陷人的阴沟，便请填上自己的一抔土；你不愿再有无边际的莽原，便请为它种上一枝花。

（2021 级　杨　灿）

论生逢其时

古有孔夫子周游列国，于礼崩乐坏之时匡扶仁义；又有刘邦生于反秦豪杰一呼而起之时，纵横捭阖大展宏图。人之生也渺小，能逢其时方可至于不朽。

“生逢其时”之“逢”字似乎含有“久旱逢甘霖”之偶然性。诚然，每一个时代都有不同的特点，汉初经济凋敝之时，须得文景帝生于其间休养生息；而至罗马王朝兴盛之时，须得宏志之士拓土开疆。由于时代的特异，自然也仅会有特异的几种人才生逢其时如鱼得水，而其他人立于其中，未免只能发出“前不见古人后不见来者”的悲叹了。

然而，事实果真如此吗？曾有人赞曹操为“治世之能臣，乱世之奸雄”，似乎无论在怎样的时代他都能做出一番事业来。而在另一方面，“逢时”的结果也不一定是获得金钱或是地位，时代对于个人的磨砺与历练也是一种馈赠。孔子虽没有生在“罢黜百家，独尊儒术”的时代，但在他所处的百家争鸣思维活跃的时代，于争论中丰富自身理论也同样是一种生逢其时。

由此观之，生逢其时作为“生”与“时”的相逢与融洽，想要达到，不必去祈祷偶然的“时”，可以通过控制“生”来实现。“生”在此处不仅仅是诞生，还是人生，包含了个人的自我提升与目标设定，是一种积极与变通的精神。简单来说，“是金子在哪里都会发光”，通过对自我的不断提升，无论怎样的时代我们都可以搏出属于自己的一席之地来。

而立于百年未有之大变局、“两个一百年”交汇之际的我们，需明白这个时代需要的是积极入世的人才。我们作为新时代青年生于其间，需充分发挥主观能动性，以抓铁有痕、踏石留印、久久为功的精神奉献终生，方可达到“生”的自我实现与“时”的伟大复兴相逢融洽的和合状态。

生逢其时，时不我待。

（2018级　刘　峥）

【结语】

“佳句天成风尽垩，匠心独妙笔生花。”同学们以青春之笔触，抒写青春之自我，以真情和理性诠释了“我”与社会的关系，也在梳理中加深了对自我的认知和对社会的理解。

生命是一场旅行，每一处风景都值得书写和赞美；青春是一束鲜花，每一朵花瓣都充满了色彩和芬芳。“铁肩担道义，妙手著文章”，生命的价值在于奉献和担当，青春的肩头理应扛起时代家国的责任。也因了这份担当，青春得以沉淀而厚重。青春不需要借口和眼泪，需要的是从点滴做起抓铁有痕、踏石留印的韧劲和干劲。时代风起云涌，社会大潮迭起，青春的生命生逢其时！

人与自我篇

——生命的觉知

一、体认真实自我

杨绛先生说："人生一世，无非是认识自己，洗练自己，自觉自愿地改造自己，除非甘心于禽兽无异。但是这又谈何容易呢。"人生在世，需要对自我生命进行体认、肯定、接纳。同时，在看到生命之美的基础上，把握和判断生命应有价值，实现自我的觉醒与解放。

体认真实自我，不仅要窥镜自视，看见外在的自己；更要向内关照，认识内在的心理、能力、个性；还要三省吾身，反思不足、弱点，以期自我完善。在一次次生命意识的觉醒中，体悟人生的精彩与不易；在一次次对束缚与压抑的突破中，收获精神的自由与纯粹。于是，我们更懂得尊重自我生命追求和多元生命价值，更珍视纯真至美的情感。

日常生活中，我们可能会遇到各种各样的困境，会迷茫，甚至迷失。这就需要我们静下来，慢下来，点燃一炷心香，去体认自我，参悟自我。相信人一旦悟透了自己，内心变得更加淡定充盈，很多看似困难重重、烦心不已的事情，便可以迎刃而解了，也能更加从容自在地面对人生选择和世事变化。

那么，就让我们尝试开启"阅己""悦己""越己"的旅程，来一次和自我心灵的深度对话吧！

红楼讲堂

阅己：认清自己，方能条理人生

我们要阅读、阅人，更要阅己。阅读，扩宽见识；阅人，增加智慧；阅己，明心见性。自我体认，自我思考，明确心之所向，坚定人生追求，是每个人的成长必修课。

《红楼梦》是一部生命意识极浓的经典著作，尤其是以贾宝玉、薛宝钗为代表的主要人物，他们在家族衰败和生命无常面前进行着关于自我的深刻思考，在思考中觉醒，在觉醒后悲凉，在悲凉无尽后去寻求解脱。

(一)贾宝玉——“俗中又俗的一个俗人”

贾宝玉抓周时，没有抓文房四宝，也没抓金银珠宝，偏偏抓了女人用的胭脂香粉。贾政对儿子很失望，他本来还指望着贾宝玉将来考取功名，仕途通达，光大门楣。府中女性，比如薛宝钗、袭人以及史湘云等，都曾经苦劝贾宝玉，要好好读书，要考取功名，要走仕途经济的道路。宝玉并不在意这些正路，故常被他人“差评”为“混世魔王”“富贵闲人”“无知的孽障”“不孝的孽障”“不争气的小子”。

且看他人对宝玉的评价：

冷子兴：虽然淘气异常，但其聪明乖觉处，百个不及他一个。说起孩子话来也奇怪……将来色鬼无疑了！

王夫人：若姊妹们有日不理他，他倒还安静些……若这一日姊妹们和他多说一句话，他心里一乐，便生出多少事来……他嘴里一时甜言蜜语，一时有天无日，一时又疯疯傻傻。

凤姐：若说他出去干正经事说正经话去，却像个傻子；若只叫进来在这些姊妹跟前以至于大小的丫头们跟前，他最有尽让，又恐怕得罪了人。

傅秋芳家婆子：怪道有人说他家宝玉是外相好里头糊涂，中看不中吃的，果然有些呆气。他自己烫了手，倒问人疼不疼……大雨淋的水鸡似的，他反告诉别人“下雨了，快避雨去罢”……时常没人在跟前，就自哭自笑的；看见燕子，就和燕子说话；河里看见了鱼，就和鱼说话；见了星星月亮，不是长吁短叹，就是咕咕哝哝的。且是连一点刚性也没有，连那些毛丫头的气都受的。爱惜东西，连个线头儿都是好的；糟蹋起来，那怕值千值万的都不管了。

兴儿：成天家疯疯颠颠的，说的话人也不懂，干的事人也不知。外头人人看着好清俊模样儿，心里自然是聪明的，谁知是外清而内浊，见了人，一句话也没有。所有的好处，虽没上过学，倒难为他认得几个字。每日也不习文，也不学武，又怕见人，只爱在丫头群里闹。

尤三姐：行事言谈吃喝，原有些女儿气，那是只在里头惯了的。若说糊涂，那些儿糊涂？……冷眼看去，原来他在女孩子们前不管怎样都过的去，只不大合外人的式，所以他们不知道。

面对自上而下的“差评”，宝玉又有怎样的自我认知呢？一日，贾雨村来贾府拜访，邀请宝玉相见，史湘云觉得贾雨村是个高雅的客人，劝宝玉去会会他。

湘云笑道：“主雅客来勤，自然你有些警他的好处，他才只要会你。”

宝玉道：“罢，罢，我也不敢称雅，俗中又俗的一个俗人，并不愿同这些人往来。”

这里，贾宝玉自我评价为“俗中又俗的一个俗人”。你认同他的自我评价吗？

◆ **学生解读**

生 1：我认同宝玉的自我评价，他是一个无异时人、融入世俗的人。宝玉不以自我为中心，生活中他懂得人情世故，懂得礼尚往来，如他本不想参加薛姨妈的生日，但听闻宝钗替自己赶蚊子就决定去参加；宝玉也很孝顺，他从父亲锁着的房门前经过，也要从马上下来；还比如宝玉不爱读书，比较贪玩，和大多数这个年龄的男孩子很相似。可见宝玉并非一个不问世事的特立独行者，可谓俗中又俗的一个俗人。

生 2：我不认同宝玉的自我评价。宝玉是不入流俗的，他是封建社会的叛逆者。他追求平等，没有等级观念，如纵晴雯撕扇、替香菱换裙等，可见他的与众不同；此外，宝玉厌弃功名，不走仕途之路，不愿意去读科考之书，视宝钗、湘云劝其读书的话为混账话等，都可以看出宝玉是一个与当时社会格格不入的不俗者。

生 3：“俗中又俗的一个俗人”表面是贾宝玉在说自己是非常世俗的人，但实则贾宝玉认为，诸如贾雨村之流的所谓文人雅士，才是伪君子、真小人，是浊臭不堪的，是虚伪透顶的。贾宝玉不屑与这类人为伍，只好嘲笑自己是个俗人，并以此讽刺贾雨村之“俗”。所以这个评价是很有自嘲和讽刺意味的，并非宝玉实情。

◆ **教师解读**

一方面，贾宝玉虽然是一个彻彻底底热爱世俗生活的人，但是他更向往像魏晋名士一样追求心灵的自由。贾宝玉对于薛宝钗、史湘云等人的仕途经济论，一直持反感的态度。他认为林黛玉是知己，也是因为林黛玉从来不对他灌输此类的思想。

西江月·其一

无故寻愁觅恨，有时似傻如狂。纵然生得好皮囊，腹内原来草莽。

潦倒不通世务，愚顽怕读文章。行为偏僻性乖张，那管世人诽谤！

正如《西江月》尾联所云：“行为偏僻性乖张，那管世人诽谤”，不论别人如何评价，贾宝玉对自己有非常清醒的自我认识，并且能够认同、坚守自己的心之所向，在当时确实是难能可贵的。具体来说：

其一，“‘富贵’二字，不料遭我荼毒了”——贾宝玉如何看待自己的高贵出身。

一般的人，如果拥有贾宝玉这样的出身，一定很有优越感。可贾宝玉觉得这对于自己来说是一种压力、一种束缚。贾宝玉在给秦可卿送殡的路上，偶然间遇到了一个普通的乡间丫头。他不仅对乡间的农具很感兴趣，也对淳朴的二丫头态度十分亲切谦和。二丫头看到贾宝玉操作乡间农具，就对他说："你们那里会弄这个，站开了，我纺与你瞧。"可惜的是，贾宝玉没有机会和二丫头多说几句话，二丫头就被叫走了。贾宝玉因此觉得怅然无趣。结果，当贾宝玉在车上"只见迎头二丫头怀里抱着他小兄弟，同着几个小女孩子说笑而来"的时候，他"恨不得下车跟了他去，料是众人不依的，少不得以目相送"。贾宝玉很是羡慕二丫头，觉得二丫头比自己自由。

第五十八回里，贾宝玉听芳官讲了藕官、药官和蕊官之间的故事，很感动，说道："天既生这样人，又何用我这须眉浊物玷辱世界。"藕官等人在当时是被豪门贵族中人视作玩物的戏子，贾宝玉不仅没有歧视她们，反而觉得藕官等人比自己高明。

贾宝玉在秦钟面前亦是自惭形秽。第七回里，他第一次见到秦钟，就想到：

天下竟有这等人物！如今看来，我竟成了泥猪癞狗了。可恨我为什么生在这侯门公府之家，若也生在寒门薄宦之家，早得与他交结，也不枉生了一世。我虽如此比他尊贵，可知锦绣纱罗，也不过裹了我这根死木头；美酒羊羔，也不过填了我这粪窟泥沟。"富贵"二字，不料遭我荼毒了！

其二，"男子只是渣滓浊沫而已"——贾宝玉如何看待自己的男性性别。

贾宝玉觉得女儿身上集中了山川灵秀、天地精华，而男子只是渣滓浊沫而已。第三回里，贾宝玉正式出场，对林黛玉是一见如故，似曾相识。因此，他会因为林黛玉没有玉而把自己佩戴着的通灵宝玉狠命摔在地上，还骂道："什么罕物，连人之高低不择，还说'通灵'不'通灵'呢！我也不要这劳什子了！"可见，他觉得这块通灵宝玉没有识人之明，觉得自己没有资格戴这块玉，这块玉应该佩戴在神仙似的女孩儿身上。

其三，"你放心"——贾宝玉如何看待自己与黛玉的情感。

宝玉对于爱情的觉知经历了几个阶段：

第一阶段：懵懂萌芽。宝黛从小亲密无间、两小无猜。

第二阶段：暗恋求证。求全责备、相互猜疑、印证、怄气争吵、道歉。

第三阶段：明心见性。以心相许、惺惺相惜。

第四阶段：成熟稳定。宝黛二人心灵默契，相互关心体贴，不再相互试探，也没有发生争吵。

在第三十二回中写道：

宝玉瞅了半天，方说道“你放心”三个字。……好妹妹，我的这心事，从来也不敢说，今儿我大胆说出来，死也甘心！我为你也弄了一身的病在这里，又不敢告诉人，只好掩着。只等你的病好了，只怕我的病才得好呢。睡里梦里也忘不了你！

一句“你放心”，标志着宝玉经过自我探问，最终明心见性，充分认识到自己对黛玉的情有独钟。一句“你放心”，是《红楼梦》中最美的情话，是宝玉对黛玉的深情表白，更是宝玉在爱情里的自我确认。黛玉曾说，“我为的是我的心”，宝玉也说，“我也为的是我的心”。宝黛的“心”，心心相印。

贾宝玉的自我认知是比较真实、客观、全面的，这让他成了有情世界中的真人。这种自我认知某种意义上也是曹雪芹的自我认知。曹雪芹觉得自己“风尘碌碌，一事无成”且“一技无成，半生潦倒”“愧则有余，悔又无益”。他觉得“当日所有之女子”的“行止见识”都高于自己，也觉得自己“背父兄教育之恩，负师友规训之德”，更有对当时社会现实的不满和无声的反抗。

(二)薛宝钗——“含蓄浑厚，到底是蘅芜君”

正确的自我认知应该是全面的、理性的、实事求是的，但这并非易事。薛宝钗的自我认知就很耐人寻味，值得思考。

薛宝钗是《红楼梦》里的“冷美人”，体现着封建社会自我认识、自我修养和自我要求的典范境界。这位“冷美人”装束素净淡雅，从来不爱什么花儿粉儿的；她的居处像雪洞一般，一色玩器皆无，桌上只摆着拙朴的土定瓶；她服食的丸药是由白牡丹、白芙蓉、白荷、白梅之蕊配制而成的“冷香丸”；她咏白海棠的诗句表露出“淡极始知花更艳”的情趣；她的花签为“任是无情也动人”。她给人的总体印象是罕言寡语、藏愚守拙。这样一个素净、淡雅、典丽、端庄的女儿，仿佛冷香凝成、冰雪砌就，无怪荣府小厮兴儿形容道：“气暖了，吹化了姓薛的。”

可以说，从外表到内心，从克己到处人，这位“山中高士”十分认同自己“冷”的个性特征：冷艳、冷静、冷漠。然而，薛宝钗毕竟是一个有血有肉的人，而不是一块彻里彻外的冰。那她是否觉知到自己真实的内心世界也有热的一面呢？

◆ 学生解读

生1：小说中写道：

宝钗听了便笑道：“……他说我这是从胎里带来的一股热毒，幸而先天壮，还不相干；若吃寻常药，是不中用的。他就说了一个海上方，又给了一包药末子作引子，异香异气的，不知是那里弄了来的。他说发了时吃一丸就好。倒也奇怪，吃他的药倒效验些。”

这里宝钗自言配制的“冷香丸”，其效用正在制服先天带来的一股“热毒”。以冷制热，这实在是一个绝妙的提示，宝钗性格的内在矛盾正处于这样一种压制的态势，而宝钗也是自知其热的，但认为这是毒。宝钗究竟是什么病？脂砚斋此处批道：“凡心偶炽，是以孽火齐攻”，就是薛宝钗凡心太过炽热，以致体内火气旺盛。大概是说宝钗不仅内心深处向往世情，而且比一般人更炽热、更世俗。但是宝钗对自己的真性情却避而不见，并没有真正地完整地体认自我、悦纳自我。

生 2：小说中写道：

(宝钗)款款的告诉他道：“你当我是谁，我也是个淘气的。从小七八岁上也够个人缠的。我们家也算是个读书人家，祖父手里也爱藏书。先时人口多，姊妹弟兄都在一处，都怕看正经书。弟兄们也有爱诗的，也有爱词的，诸如这些‘西厢’‘琵琶’以及‘元人百种’，无所不有。他们是偷背着我们看，我们却也偷背着他们看。后来大人知道了，打的打，骂的骂，烧的烧，才丢开了。”

宝钗曾谈起自幼也淘气放任，爱看杂书，无所不看，只不过后来被大人知道了，才丢开了，从此崇奉“女子无才便是德，男人读书为入仕”的信条。可见，本来对于世俗生活，对于多姿多彩的世界，宝钗并非全无热情，而且心向往之，并大胆涉猎。但是在自我价值和社会价值之间，她毫不犹豫做出了牺牲自我价值，服从社会价值的选择，青春热情被扼杀了。所以，她有对自己的客观认识，只是把自己不认同的部分主动规避掉了。

生 3：小说中写道：

忽见前面一双玉色蝴蝶，大如团扇，一上一下迎风翩跹，十分有趣。宝钗意欲扑了来玩耍，遂向袖中取出扇子来，向草地下来扑。只见那一双蝴蝶忽起忽落，来来往往，穿花度柳，将欲过河去了。倒引的宝钗蹑手蹑脚的，一直跟到池中滴翠亭上，香汗淋漓，娇喘细细。宝钗也无心扑了。

在明媚的春光之中迎风翩跹的一双玉色蝴蝶，对她也同样具有吸引力。没有日常的矜守自持，而是天真活泼真情流露，相信那一刻宝钗是自得其乐的。只不过扑蝶这样美好的生活情趣，不自觉地作了随机应变的保护色，潜意识里的青春热情可能还没来得及被体认，就被压制了下去。所以，随着一次次否定自我内心，她或许慢慢真的无法认识完整的自己了。

生 4：小说中写道：

(宝钗)手里托着一丸药走进来……见他睁开眼说话，不像先时，心中也宽慰了好些，便点头叹道：“早听人一句话，也不至今日。别说老太太、太太心疼，就是我们看着，心里也疼。”刚说了半句又忙咽住，自悔说的话急了，不觉的就红了脸，低下头来。

宝钗正值青春妙龄，对宝玉这位“怡红公子”产生爱恋之心也是十分自然、无可厚非的。想必宝钗也意识到了这种情感，所以才会说出“我们看着，心里也疼”这样的话。但是她却竭力掩藏和抑制这种感情，自悔说的话急。后来又被哥哥打趣，更是非常羞愧。相比之下，黛玉则始终倾心泣血，珍惜和宝玉之间的爱情。钗黛二人对于自己内心真实情感的认知和接受是完全不同的。

◆ **教师解读**

“冷美人”之冷，是薛宝钗自我克制、自我规范的结果，“冷美人”自知其热，且视之为毒，主动以冷制热。一方面，宝钗回避正视自己的内心，不敢接受自身真实发生的情感，从某种意义说，这正是自我认知的偏差和谬误。另一方面，她对外在世界规则的认知非常清晰。她完全懂得婚姻要由家族利益和家长意志来决定，“金玉良缘”的实现不靠爱情之果的成熟，而靠长辈和舆论对自己的赏识和选择。因此她十分理智地控制着自己的感情，从礼合节，安分随时，不作非分之想，不行越轨之事。

正如她写的诗——“含蓄浑厚，到底是蘅芜君”；正如他人的评价，“宝姐姐宽宏大量有涵养”“知命知身，识理识性，博学不杂，庶可称为佳人”“不但性情纯正，而且世故通明，可谓纯人”。宝钗努力让自我价值实现符合社会价值，而其中滋味是甘是苦，恐怕只有自己知晓。这种自我回避与压抑，恐怕是造成宝钗悲剧的重要原因吧。

【讨论任务】

对比尤二姐，谈谈你对尤三姐自我认知及人物命运的思考。

● **学生分享**

生1：不似尤二姐的糊涂迟钝，尤三姐首先清醒地意识到贾蓉将尤二姐介绍给贾琏的目的。在尤二姐成亲后，尤三姐对自身的处境有了更明晰的认识，也对贾珍等人愈发厌恶，对他们荒唐行径的反抗愈发强烈。

尤三姐由“惑”到“醒”，对自身价值有了越来越明确的认同，人格尊严追求更加明确。她劝尤二姐：“咱们金玉一般的人，白叫这两个现世宝玷污了去，也算无能……”

尤三姐把婚姻当作救命稻草，觅得良人是唯一的出路。她心意异常决绝坚定，誓与从前的生活一刀两断，开始心无杂念的守候，期待能与柳湘莲拥有宁静简单的生活。柳湘莲悔婚后，她没有解释，没有乞求，而是选择用生命赢来柳湘莲的敬重和惋惜：“我并不知是这等刚烈贤妻，可敬，可敬。”尤三姐自刎后，柳湘莲后悔不已。尤三姐托梦诀别，纵使柳湘莲苦苦挽留，尤三姐仍决然离去——“与君两无干涉”。这是尤三姐尤为动人之处，面对昔日意中人的哀求，她坚定内心的选择，敢爱敢恨，认清现实后洒脱放手。此时的尤三姐已不再将自己的幸福寄托在别处，不再依附于男性生存，她也真正拥有了独立的人格和尊严，获得了自由和解脱。

生 2：尤二姐与尤三姐对自我的定位不同：无论曾经过往，尤三姐仍然自称“金玉一般的人”，但尤二姐从来没有这样的定位。尤二姐直到临死，还在感叹“我一生品行既亏，今日之报既系当然”，她以过去为耻，活得如此辛苦窝囊。尤三姐则非常看中自己，希望可以得到尊重，也认为自己值得被尊重。

尤二姐与尤三姐对自我人生价值实现的认识不同：尤二姐把安稳当个二房，拥有名分，作为毕生所求的梦想，而且以为只要守规矩，就能过好日子。尤三姐和姐姐同命相怜，但她看到尤二姐貌似终身有靠，其实命如蝼蚁，归根结底为这世俗所不容。于是选择自证清白，以最刚烈的方式实现自我价值。

尤二姐与尤三姐对婚姻的认识不同：尤二姐是任凭别人选择，比较被动，并且是极力讨好别人，因为她希望通过婚姻获得自己想要的。尤三姐则是主动追求真爱，毫无虚情假意。她不太像那个时代的女性，她的身上有一种现代女性的精神。

生 3：王尔德说：“我们都在阴沟里，但仍有人仰望星空”。尤三姐在伸手不见五指的黑暗中独身艰难前行，上位者将她肆意玩弄，旁人冷眼旁观、落井下石，身处同样处境的人自甘堕落，但她没有于污浊中泯灭人性，无畏外界评价，仍对自己有清醒的认识和坚守，对爱、尊严、美好怀有强烈的向往和坚持，甚至为追寻所求，不惜燃烧自我，令人感佩。

【教师总结】

听过这样一句话：“我们一直寻找的，却是自己原本早已拥有的；我们总是东张西望，唯独漏了自己想要的，这就是我们至今难以如愿以偿的原因。”这世界上，我们首先要好好认识自己，正视自己。

人为什么要正视自己呢？

对比尤二姐和尤三姐，我们似乎可以有一些启发。智慧的人，在经历中了解自己，在反省中认清自己，然后勇敢地接受自己，获得更通达的人生和真正觉醒的灵魂。愚昧的人却往往因为自我认知的偏差而走向迷失。

人为什么时常无法认清自己呢？

对比宝玉和宝钗，我们似乎可以有一些启发。受到各种因素的影响，我们可能对自己的一部分特质视而不见，或刻意回避，或全无察觉，进而失去了正视自己、透视自己的能力和机会。

清醒的认识包括自我的定位和人生道路选择的倾向等。虽然对自我有清醒的认识未必一定有幸福圆满的结局，但是没有清醒的认识往往走向痛苦与迷失。认识自我是一生的功课，需要不断了解自己，根据自身、他人还有周遭环境不断更新对自己的认知。

也许你貌不出众，也许你语不惊人，也许你没有辉煌的过去，也许你正身处逆境，也许你正犹豫不决，也许身旁有人正对你议论纷纷。不必焦虑，不必消沉，每一个人都是这个世界上独一无二的孤品，值得好好品味和欣赏。“无论人生上到哪一层台阶，阶下有人在仰望你，阶上亦有人在俯视你。你抬头自卑，低头自得，唯有平视，才能看见真实的自己。”因此，我们要客观全面地认识自己，更要好好地看待自己，要努力发现自己的珍贵。然后，嘴角上扬，迈开坚定的步伐向前走去。

博雅讲堂

悦己：生命觉醒，活成自己的光

卡尔·荣格曾说：“对普通人来说，一生最重要的功课就是学会接受自己。”正所谓“幸福是对生命的尊重和悦纳”，我们不仅要认清自己，正确评价自己，更要在此基础上接纳真实的自己，不仅接纳自己的优点、长处，更要接受自己的缺点与不足，不自卑、不自傲。我们要经历自我觉醒、自我确认、自我回归的心灵历程，找到自己的核心价值，拥有更强大的内心，实现生命的觉醒。

(一)自我觉醒——杜丽娘的青春追寻

在自我意识觉醒的过程中，在追求“自由之灵魂，独立之精神”的过程中，女性往往会遇到极其艰难的困境，也会爆发出强烈的反抗意识：《窦娥冤》中的窦娥发出了对人们心中至高无上的天地的指斥，使六月飞雪；《西厢记》中的崔莺莺突破了礼教的种种藩篱，收获了与张生的爱情；《牡丹亭》中的杜丽娘也在孤立无援的情况下进行着青春觉醒的孤军奋战。

杜丽娘从小受到严格的封建教育，严父、慈母、迂腐的塾师和深寂的闺阁，形成了一个封建礼教的铁牢笼，禁锢着她的身心。为了消遣内心的郁闷，杜丽娘偷逛后花园。后花园中“春色如许”，生机勃勃的花草莺燕，激起了她情感的波澜：

［皂罗袍］原来姹紫嫣红开遍，似这般都付与断井颓垣。良辰美景奈何天，赏心乐事谁家院……朝飞暮卷，云霞翠轩，雨丝风片，烟波画船。锦屏人忒看的这韶光贱！

杜丽娘发现如火如荼的春光竟会被人忽略，就像自己的青春被人无视一样，这是多么可悲的事啊！进而她又获得了一个更重要的发现：对自己的发现，也就是自我认知的觉醒。她说“春色恼人”“春光困人”，不是指自然对心灵的压抑，而是指自然对青春的催发。杜丽娘的心中充溢着一种紧迫感：要珍惜年华，珍重青春！

于是，杜丽娘不由自主地做起了大胆的梦。在梦中，她第一次感受到美好的爱情。这梦境寄托着杜丽娘全身心的憧憬和追求，是如此的宝贵，以至于她又不由自主地到花园去寻梦。因为这宝贵的梦凝聚着她生命理想的执着追求。她倾诉道：

［江儿水］偶然间人似缱，在梅村边。似这等花花草草由人恋，生生死死随人愿，便酸酸楚楚无人怨。待打并香魂一片，阴雨梅天，守的个梅根相见。

为了实现对这一理想的追求，杜丽娘不惜献出自己的生命。死对于杜丽娘来说并不是什么痛苦的选择，这是她理想的最高升华，是她在现实之外另辟一条实现理想之路的起点。

然而，杜丽娘并没有真正地死去，她化成游魂，继续寻找自己的爱情和幸福。她终于和意中人柳梦梅会面，获得了新生。梦而不至于死，不足以表现杜丽娘追求自我价值的热切和强烈；死而不至于复生，也不足以表现杜丽娘追求自我价值的果敢和坚决。汤显祖在《牡丹亭题词》中热情洋溢地歌颂道：

天下女子有情，宁有如杜丽娘者乎？……如丽娘者，乃可谓之有情人耳。情不知所起，一往而深，生者可以死，死可以生。生而不可与死，死而不可复生者，皆非情之至也……人世之事，非人世所可尽。

杜丽娘的觉醒从认识到青春之美，到悦纳青春之思，到追求青春之爱，正是时人想要从程朱理学“存天理，灭人欲”这种违背人性的思想中解放出来的呐喊。渴望爱情自主、男女平等、人格独立使杜丽娘活成一道青春灿烂的光。①

（二）自我确认——李白的自信不凡

李白以一种中国古代文人前所未有的姿态，屹立于盛唐诗坛。他与生俱来的

① 参见李红梅：《中国古代女性自我意识的觉醒——元明清几部戏曲作品中典型人物形象的探析》，《中华女子学院学报》，2007年第10期。

强烈自我认同与旷世罕有的诗才浑然天成地融为一体，为后世留下了一首首天马行空的浪漫诗篇，编织了一个个绮丽绚烂的文学梦境。

在读李白的诗时，我们感受最强烈的，恐怕莫过于李白那种骨子里的自信。李白诉其政治抱负，字里行间自信满溢，比如其在干谒李邕时曾作《上李邕》一诗：

上李邕

李　白

大鹏一日同风起，扶摇直上九万里。
假令风歇时下来，犹能簸却沧溟水。
世人见我恒殊调，闻余大言皆冷笑。
宣父犹能畏后生，丈夫未可轻年少。

李白游渝州谒见刺史李邕时，因为不拘俗礼、放言高论，使李邕不悦。李白在临别时写了这首态度颇不客气的《上李邕》一诗，以示回敬。

李白此时豪情满怀，有直冲青云之志，他以大鹏自比，认为即使大风停下来，大鹏落了下来，也会在江湖激起波澜。实则在宣言：即使将来没有了李邕的相助，他也能在政坛造成非凡的影响。李白自知宏大抱负常常不被世人所理解，被当作“大言”来耻笑，不过没有料到，李邕这样的名人竟与凡夫俗子一般见识。于是，李白抬出圣人识拔后生的故事反唇相讥：孔老夫子尚且觉得后生可畏，你李邕难道比圣人还要高明？男子汉大丈夫千万不可轻视年轻人呀！字里行间，态度相当桀骜，显示出少年的锐气和自信。

李白的自信是生命意识的高度觉醒，即对自我价值明确认同后的张扬恣肆。《将进酒》有言：“君不见黄河之水天上来，奔流到海不复回。君不见高堂明镜悲白发，朝如青丝暮成雪。人生得意须尽欢，莫使金樽空对月。”洒脱不羁的李白，与前世的大多文人士大夫不同，他不把自己的使命、思想、人生价值看作隶属于最高统治者，而对生命和命运有了更多的关注和思考。“人生得意须尽欢”的思想，正是一种自觉，是一种对自我感受的价值确认和悦纳接受。

有人说：“人生在世，最怕的就是把别人的眼光当成自己生活的唯一标准。到最后，既没有活成别人喜欢的样子，也没有活成自己想要的样子。”一个人如果总是太过于在乎他人的评价或世俗的标准，往往会失去自己。愿我们常怀“仰天大笑出门去，我辈岂是蓬蒿人”的自我认同感，昂首阔步地走向前方。

（三）自我回归——陶渊明的精神返乡

《老子》：“大曰逝，逝曰远，远曰返”，返是终极，是对“逝”与“远”的超越和消解。《庄子》中也充满了心灵“回归”的文化精神。庄子将自我本性的丧失称为

“殉”，他不无痛楚地慨叹：“天下尽殉矣”。这种对精神家园的有意识的思念和回归在很大程度上意味着深层次的自我觉醒。

陶渊明也是一个执着于回归的倦客，我们从其《归园田居》《饮酒》和《归去来兮辞》等作品中可窥见一二。

归园田居·其一

陶渊明

少无适俗韵，性本爱丘山。误落尘网中，一去三十年。
羁鸟恋旧林，池鱼思故渊。开荒南野际，守拙归园田。
方宅十余亩，草屋八九间。榆柳荫后檐，桃李罗堂前。
暧暧远人村，依依墟里烟。狗吠深巷中，鸡鸣桑树颠。
户庭无尘杂，虚室有余闲。久在樊笼里，复得返自然。

归隐田园，怡情自然，陶渊明自言“性本爱丘山”，对山林丘壑的热爱始终是他的天性。这种天然的自我与世俗的自我是势不两立的，而陶渊明的倾向也很明确：肯定前者而否定后者。

陶渊明选择了异于传统士大夫的生活状态，实现了身体与精神的回归，经历了明确的自我确认和强烈的生命觉醒后的悦纳自我，因而即便是农事辛苦、收获不丰，也可以坦然接受。

归园田居·其三

陶渊明

种豆南山下，草盛豆苗稀。
晨兴理荒秽，带月荷锄归。
道狭草木长，夕露沾我衣。
衣沾不足惜，但使愿无违。

陶渊明本来是想有所作为的，但在东晋黑暗、腐败的社会环境下，他忍受不了争权夺利的官场生活，只得放弃政治理想。作为一个怀抱儒家理想的读书人，既然没有做到“达则兼济天下”，清醒之后，那就选择“穷则独善其身”。

归去来兮辞

陶渊明

归去来兮，田园将芜胡不归？既自以心为形役，奚惆怅而独悲？悟已往之不谏，知来者之可追。实迷途其未远，觉今是而昨非。舟遥遥以轻飏，风飘飘而吹衣。问征夫以前路，恨晨光之熹微。

乃瞻衡宇，载欣载奔。僮仆欢迎，稚子候门。三径就荒，松菊犹存。携幼入室，有酒盈樽。引壶觞以自酌，眄庭柯以怡颜。倚南窗以寄傲，审容膝之易安。园日涉以成趣，门虽设而常关。策扶老以流憩，时矫首而遐观。云无心以出岫，鸟倦飞而知还。景翳翳以将入，抚孤松而盘桓。

归去来兮，请息交以绝游。世与我而相违，复驾言兮焉求？悦亲戚之情话，乐琴书以消忧。农人告余以春及，将有事于西畴。或命巾车，或棹孤舟。既窈窕以寻壑，亦崎岖而经丘。木欣欣以向荣，泉涓涓而始流。善万物之得时，感吾生之行休。

已矣乎！寓形宇内复几时？曷不委心任去留？胡为乎遑遑欲何之？富贵非吾愿，帝乡不可期。怀良辰以孤往，或植杖而耘耔。登东皋以舒啸，临清流而赋诗。聊乘化以归尽，乐夫天命复奚疑！

在《归去来兮辞》的序中，陶渊明写道："及少日，眷然有归欤之情。何则？质性自然，非矫厉所得。饥冻虽切，违己交病。尝从人事，皆口腹自役。于是怅然慷慨，深愧平生之志。犹望一稔，当敛裳宵逝。"陶渊明认为本性任其自然，这是勉强不得的；饥寒虽然来得急迫，但是违背本意去做官，身心都感痛苦。过去为官做事，都是为了吃饭而役使自己。于是惆怅感慨，深深有愧于平生的志愿。从中我们可以看出陶渊明对自我本性的自觉和坚守，这是陶渊明回归的精神动力；而他的自由本真、不为物役的精神境界则构成了其回归的心理基础。

中国传统士大夫往往把社会责任、道德操守看成比生命还值得宝贵的东西。依据传统儒家观点，生命会消失，而"立德、立功、立言"乃人生之三不朽。在儒家思想主导的价值传统下，个人价值处于集体价值之下，而所谓的感性追求更是不能得到认可的。陶渊明却认为："道丧向千载，人人惜其情。有酒不肯饮，但顾世间名。所以贵我身，岂不在一生？一生复能几，倏如流电惊。"身体的可贵之处就在于这几十年的生命，可是人生很快就会过去的，就像天空的一道闪电，转瞬即逝。生命短暂，运命无常，俯仰之间了无故物，所以更应该乐天知命，更应该"委心任去留"，更应该"登东皋以舒啸，临清流而赋诗。聊乘化以归尽，乐夫天命复奚疑"。

汉末魏晋，类似陶渊明的"回归"具有一定的时代性。我们可以感受到，"生年不满百，常怀千岁忧""人生天地间，忽如远行客"这些生命的焦灼，不如任性求自然。正是这种有一定时代性、整体性的回归，使得晋人在人格精神上获得了某种同质。当人们把眼光从外在事功的搜寻、追趋，转向内在对自我人格的打量、品察时，便照亮了另一种精神之美。

◆ 学生解读

生 1：

羁鸟恋旧林

他静坐桌前，摇曳昏黄的烛光映着他的面庞。他想给自己换个去处，于是“辞呈”一气呵成。他不想干了。

陶渊明那时候在王凝之手下办差事，虽没有太大的波折，却也没有多快乐，似乎心底始终有个来自远方的呼唤隐隐作响。官场上门阀森严，作为江东士族处处受人排抑。乱世中他被无意卷入了黑暗的旋涡中。

他像一只被淤泥裹挟的鸟儿，喘不过气来。他想离开这荒唐的庞大官僚机构的泥泞。

想当年，陶渊明投奔荆州的桓玄做了幕僚。他满心期待，觉得自己能实现抱负，一展宏图。渐渐的，他发现桓玄控制了整个长江中上游地区，野心也不断膨胀。他怎么能看不出桓玄的不怀好意？于是悄然退身而去。

不久，刘裕便以讨伐桓玄的名义起兵，陶渊明心里又有了一丝希望。刘裕出身寒门或许能改变东晋的腐朽，救黎民百姓于水火之中。最后一汪热血打破了他的梦。刘裕诛灭了无罪的王愉父子，杀了刁逵满门。不甘的亡魂叫嚣着。

一切都一团糟，没人安下心来好好做事，没人听到百姓的哀求。在浮躁血腥的浑水里，陶渊明想飞走，他厌倦了一场场的你争我抢，他更加清楚，要爱惜自己洁净的羽毛。

而叔叔陶逵的好意却让他不好拒绝，心下就安慰自己做个地方小官，和百姓一起于水火中求个安稳。彭泽县上任第八十天，他记得很清楚，浔阳郡派来检查工作的督邮明里暗里索贿，若是不给些好处，自然给你记上一笔坏账。凉风习习，吹来了田间带着青草香的味道，“为什么要为五斗米折腰呢……”陶渊明喃喃低语，“何必呢……”

他几乎发起狠来责备自己。他似乎练就了一双明目，几十年的岁月都在恶臭的泥潭里摸爬滚打，人人都沽名钓誉，挺直的脊梁上一张张歪着的脑袋，连嘴角微笑的弧度都十分统一。密密麻麻的朝服和金银玉石碰撞发出的脆响粗暴地按住百姓的头颅，百姓的喉咙叫不出一声反抗……

他决定了，不惜从黏腻的世俗中拔下羽毛。他想飞，飞到小溪低语处，飞到清风徐徐间，飞回自己的世界。

羁鸟恋旧林，如是而已。

（2022 级　张雅睿）

生 2：

摆脱非理性压力，悦纳真实之自我

生活在今天这样一个竞争愈发激烈的社会中，网络的普及让个人的动向可以被轻易地获知，我们很难不被社会的评价体系所裹挟，很难不在与“更优秀者”的比较中陷入强烈的焦虑不安与自我否定之中。

竞争本身具有合理性，对社会效率也有积极作用，但当竞争的参与者只将已有的评价标准作为行动准则，只去把大多数人的喜好作为自己的追求，而忽视个体间的差异性，就难免陷入所谓内卷当中。

而想要摆脱群体的非理性压力，就要舍弃跟风就势的从众心理，悦纳自身的“不足”并发现自身所长，将注意力从对他人的窥视转向真正有意义的自我提升当中。

正视自我，选择自己的路，有时意味着离群，但其目的不在于逃避。离群者需要目睹这混沌不堪的竞争，仍能保持清醒而平和的心境，把真正适合自己的路走稳走好。徐霞客少时举仕不第，便无意功名利禄，舍弃了为官做宰的当时主流人生目标，立“大丈夫当朝碧海而暮苍梧”的旅行大志，探索大自然的奇伟瑰丽。行万里路的途中，他坚持记录考察收获，其《徐霞客游记》成为珍贵的地理考察纪录。他在山脉、水道、地质和地貌等方面的调查和研究都取得了超越前人的成就。很显然，徐霞客的自我价值不在官场，而在山水之间。远离群体的喧嚣，追寻本心，是一种破局的思维，是对认知的重塑和精神的回归，将远离内卷后节约下的资源和精力加以善用，保持良好的状态，不断自我更新，找到自我价值的实现之地。

胡为乎遑遑欲何之？悦纳自我不盲从，有时我们需要独辟蹊径、默默耕耘的勇气。“不要去追一匹马，用追马的时间去种草，待到春暖花开时，就会有成批的骏马任你挑选”。

（2019 级　刘沛淇）

◆ **教师解读**

看过一段这样的话：“世界能不能接纳一个人是次要的，你能不能接纳自己才是根本，因为快乐从来不是来自外部，而是来自自己的内心。很简单的一个道理：我接纳这个不接纳我的世界，这个问题就迎刃而解了。”

我们只有先接纳自己，才能在这个时不时跳出“不接纳”的世界毅然独立，慢慢开始悦纳自己。

如果说“接纳”是“接受”，那么“悦纳”就意味着“愉快地接受”。

如何悦纳自我呢？美国心理学家Nathaniel对“自我接纳的生活”提出了四点建议：

(1)拒绝与自我对立，停止自我贬低和自我厌弃，站在自己这边；

(2)面对真实的自己，承认自己的成功与失败，承认自己的成就与犯过的错；

(3)与自己成为朋友，把自己像朋友一样对待，理解自己行为背后的动机；

(4)接纳负面的情绪，允许自己体验并接纳自己的所有情绪，不再费力与情绪抗争，它也能成为你认识自己与接纳自己的勇敢一步。

我们需要这样一场与自己的对视，直面自身的美好与缺陷，感受自己情绪的流动。我们需要客观地观看自身，停止对自己的怀疑，肯定自身的价值，积极地面对完整的自己。

你生活的前半辈子或许属于别人
活在别人的认为里
那把后半辈子还给你自己
去追随你内在的声音

——卡尔·荣格

当代之声

生活中，有些人习惯于觥筹交错，有些人向往着灯红酒绿。一个人群居得太久，就很容易忽视自己的内心，失去思考的能力，不知道自己到底需要什么，也不知道自己未来的路在哪里。停下脚步，找到一个和自己相处的机会，把自己安顿好，倾听自己内心的声音，反而能让我们找回内在的力量，回到最本真的生活，把枯燥的日子过得充实饱满。

请推荐一首关于“倾听内心的声音”的诗歌，配一段你的感悟，送给自己。

师生荐文

(一)教师推荐

我推荐徐志摩的名作：《雪花的快乐》

假若我是一朵雪花，
翩翩的在半空里潇洒，
我一定认清我的方向——
飞扬，飞扬，飞扬，——

这地面上有我的方向。

不去那冷寞的幽谷，
不去那凄清的山麓，
也不上荒街去惆怅——
飞扬，飞扬，飞扬，——
你看，我有我的方向！

在半空里娟娟的飞舞，
认明了那清幽的住处，
等着她来花园里探望——
飞扬，飞扬，飞扬，——
啊，她身上有朱砂梅的清香！

那时我凭借我的身轻，
盈盈的，沾住了她的衣襟，
贴近她柔波似的心胸——
消溶，消溶，消溶——
溶入了她柔波似的心胸。

这首诗最有力的一句话是“我有我的方向”。诗人是穿越现实去坚守内心的追求：这么美的她，住在清幽之地，出入雪中花园，浑身散发朱砂梅的清香，心胸恰似万缕柔波的湖泊。

徐志摩当时所处的环境，无论是从固有的旧的伦理道德，还是外在周围的舆论来看，都不以他的爱恋追求为正当，而他全然不顾，认清自己的方向。我感受到的诗歌热烈而清新、真挚而自然，其中面对真实内心，对美好事物的执着追求，对生活的热爱和拥抱，都让我动容。

在徐志摩看来，世界上一切事物的灵魂和生命，都在自身，每样东西除自身外没有另外的主宰。他充分享受着选择的自由、热爱的快乐。雪花“飞扬，飞扬，飞扬”，这是十分坚定、欢快和轻松自由的执着，源于诗人的自明和自觉，也是最令我动容的地方。

(二)学生推荐

生 1：我推荐席慕蓉的《做最好的自己》。

听过一个小故事：

小毛驴和小猴共同生活在一个主人家。一天，小猴玩得兴起，就爬到了主人家的房顶上蹦下跳，主人一个劲儿地夸小猴灵巧。为了得到主人的夸奖，小毛驴也爬到了房顶，费了好大劲，却把主人的瓦给踩坏了。主人见状，便大声赶它下来，并又打了它一顿。小毛驴感到很委屈：为什么小猴能上房，而且还能得到夸奖，而我却不能呢？

其实，每个人都各有所长，我们事事处处和别人的优点比较，就会陷入自我怀疑和否定。

正如席慕蓉所说："成功还是失败，并不取决于你所做事情的大小，做最好的自己"，让我们更多地去自我观照、自我发现，悦纳自己的优点和缺点，做自己擅长和喜欢的事情，并将之做到最好就可以了。

生 2：我推荐诗人泉子的《我把我抄录在白纸上》。

当今世界，科技迅猛发展，社会日新月异，矛盾错综复杂，许多人越来越不认识自己，不了解自己，有的感到焦虑，有的感到迷茫，有的甚至迷失自我，永远无法找回。

《我把我抄录在白纸上》引发了我的思考：如何在人群中，保持内心的淡定与从容；如何在喧闹的社会，准确定位自己的未来，并为之持续不断地努力。也许，这是每个人都不得不面对的人生课题。在纷繁复杂的世界里不失去自我，我想不应该是单纯嘴上说说，空喊口号，而是在内心世界与外部事物的有机交融中对自我和世界进行重塑和命名，让自我之光不致在世界的丛林中迷失了方向和路径。

笔落抒怀

在这个世界上，我们看见外界很多，却往往看见自己很少。在事务繁忙、层层包裹的生活中，认清自己，忠于自己，坚定地和自己站在一起，是那么难得。对此，你有怎样的思考和感受？

师生感悟

（一）教师个人分享

当今时代，信息传播深刻地影响着人的观念，人们普遍依赖他人评价、趋势潮流，把从众、从强作为行事标准，逐渐丧失了独立思考能力，忘记了真正的自己。面对多样选择，遵从内心，深思慎取，并不容易。

《变形记》里的格里高尔何其可悲，他的价值由上司、家人所赋予，这是他的思想和意识中无法摆脱的困境：在工作中，不能遵从自己的内心需求，选择自己喜欢的职业；在生活中，生病也不能休养，需要带病工作；在人际关系中，不能选择如何发展自己的情感，而成为利益驱使下的奴隶。在精神上，他早已丧失了自我，自我意志无法自由释放，只能无端地被社会意志所压迫。无论是变形前还是变形后，格里高尔虽然拥有人的思想和意识，却没有个体和自我，只有长期压抑下形成的缺乏生命力的顺从。无论何时，我们都不能忽视一个人最根本的存在前提——自我意识。

陶渊明"性本爱丘山"，物质压力和世俗追求终抵不过田园的深情呼唤；"竹林七贤"的"越名教而任自然"，不拘礼法，于纷繁乱世中亦葆有高标傲岸的态度；李清照写诗饮酒，不被女性身份束缚，颠沛半生，仍勇敢面对困境毅然选择离婚。每个人都是独立个体，选择体认并坚守真实的自我，是一种勇敢，更是一种通达。

前几年，钟芳蓉报考北大考古系引起热议。在很多人看来，"报考考古专业，太糊涂了"。而于其自身，则是这个农村女孩深思慎取的结果。能直面真实自我、追求本真是可贵的，能从外界喧嚣与评价中跳脱出来，披荆斩棘是可敬的。

在信息时代，每个人都该思考自己的真实需求，不被眼前的诱惑和一时冲动蒙蔽，从而忽视真实的自我；都该在潮流面前保持冷静与独立，做真正适合自己的事情，使自己的身心处于和谐通达状态。

(二)学生写作交流

爱我所爱，求我所求

人生在世会面临无数次的选择，对于我们来说，高考报志愿就是一个极为重要的选择。很多人都为自己选择什么专业而困惑，他们最大的问题是认不清自己，不明白自己的选择将会为自己的人生或国家的未来带来什么。

农村姑娘钟芳蓉凭借优异的成绩考入北大，却选择了较为冷门的考古专业。在专业的选择上，我认为她是一位智者。她对自己的所爱和追求有清醒的认知与判断。很多人疑惑这么高的分数明明可以选择热门专业，选择如此冷门的专业是在浪费机会。可钟芳蓉却说自己十分热爱考古学，一直把樊锦诗先生作为榜样，也希望能为考古事业做出一番贡献。她虽然出身于农村家庭，家境也不富裕，完全可以凭借选择一个热门、好就业、挣钱多的专业来改变自己的家庭状况，可有时热爱往往可以超过一切。她作为一名有理想、有追求的青年，不遵循大众的金钱观，得到了自己的所爱。钟芳蓉选择勇敢地奔赴自己的理想，在众多嘈杂的议论声中，仍能坚持选择自己热爱的专业，坚持自己的梦想是何等可贵。

面对钟芳蓉的选择，人们的一大争议是为什么要选择这么冷门的专业。究其原因，首先就是上文所说的热爱与追求。其次，我们也不难在她的身上看出青年一代对于新时代使命的担当和对致力于伟大事业的一腔热血，这是超越小我、追求大我的选择。樊锦诗将一生都奉献给了敦煌的考古事业；邓稼先选择在大漠中隐姓埋名，成功研制出核武器。从这些有志者的选择当中，我们能看到他们对祖国的责任与担当。国家为个人提供发展的机会，个人更应顺应时代的需要，把自己所长与国家所需相结合，为国家的蓬勃发展而奋斗。从钟芳蓉想通过选择考古专业，为国家文物发现保护做出自己的一点贡献，能看出她对参与国家考古事业发展的决心，对弘扬民族文化、展现民族自信的坚定信念。这样清醒的大格局是国家所赞扬与推崇的。

现在很多青年人选择专业时太过于看重利益影响，如果考上名校只为了就业致富，而不是胸怀天下，那真的是教育资源的极大浪费。所以我们要理智地看待社会对专业的看法，不能盲目追随，比起思考未来能赚几个钱，更应该注重个人理想的实现，乃至家国民族之责。

我们是新时代的青年，我们要背负起时代赋予我们的责任，通过选择个人所长回馈于时代的需要，像钟芳蓉那样大胆地追寻个人理想，为民族的复兴而奋斗。

（2019 级　刘云拓）

“冷”“热”之择

湖南文科第四名钟芳蓉选择北京大学考古专业，引发社会热议。有人说“考这么高的分数，完全可以报考更好的专业”，相信此处所谓“好”的标准即为符合社会普遍价值期许，在未来更可能带来高薪的热门专业。而不受人关注、收入堪忧的考古专业自然被打入“冷门”，因此选择考古专业也被视作对高分的浪费与对清贫家庭的不负责任。

不妨思考：择“热”就是王道，择“冷”即为歧途吗？我认为，“冷”“热”之择不应以经济收入或社会期望为绝对准则，而更应看重个人自我价值的实现。

择“热”就是一马平川的生财之道吗？或许未必。一方面，仅以热度为选择人生方向的标准需要承担不小的风险，具有盲目性和不确定性，唯“热”是图很可能付出惨痛的代价。另一方面，四年的大学教育具有延后性，此时的热门放之未来未必热度不减。再加之人们对热门的过分关注，本就易使本来稀缺的岗位迅速饱和，那时，曾经炙手可热的特定领域人才或许已经四处皆是了。

择“冷”面对的问题是个人价值与社会普遍观念的冲突。所以，在“冷”的环境下需要用“热”的信念为自己的选择加“温”。或如“茶圣”陆羽认识到自己对茶的热爱，辞“太子文学”，而从当时被视为杂学的茶道，终成《茶经》传世；或如核潜艇总设计师黄旭华认识到自己对科技的研究热情和对国家的责任，易从医之志，深耕彼时一无所有的潜艇制造事业，奉献一生；又如“敦煌的守护神”常书鸿深知自己对延续敦煌文明的信念，从巴黎归国，投身艰苦的文物保护工作再没离开。回看钟芳蓉，选择考古或许意味着舍弃高薪，但她认识到自己所爱，把握住自己所爱；而且，她为普遍认为较“冷”的文物保护事业注入了自己的生命活力。很多时候，择“冷”不仅仅是认清自身理想追求做出的选择，更是勇敢地奔赴自己的理想，是在为国家民族做出牺牲，具有崇高的精神价值。

揆诸当下，很多人难以理解择“冷”的行为和其背后的意义。究其根本，是效率评估和收益衡量封锁了他们的视野和精神。有人择“冷”而心热，有人择“热”而心冷，只有不让精神世界空乏到只剩下眼前的苟且，不让对所谓热门的过分追捧蚕食掉最后的抱朴守拙，社会才不致被滚烫的“热”所烧坏。

满地都是六便士，但总有人抬头看月亮。黄金万两不足贵，莫使乌云遮蔽月。请让我们对追寻个人理想、肩负家国之责的“钟芳蓉们”予以更多的理解、鼓励与助力。

（2019 级　刘沛淇）

【结语】

你知道
百米赛跑最美妙的是什么吗？
是枪响后，
这世界只剩
你和终点。

“这世界只剩你和终点”，这是一种多么纯粹、宁静、自由的状态。在这深度的宁静中，独立之精神，自由之思想，自在之来去，得以浮现。如此，人生无憾矣！

去看植物在大自然中自由地生长，动物们在森林中自由地呼吸，风儿自在吹拂，日月恒自轮转。生命坦然舒展其应有的本色，无压制，亦无诱导。如此，大美矣！

可以睡到自然醒，可以自由散步，可以有充裕的时间观察花开花落、云卷云舒，可以静静地感受莲子发芽。如此，快哉！

体认真实自我，阅己，悦己，然后越己。学会看淡他人的目光，找到自己的节奏，大胆地去追求自己想要的生活。直面自己丰富的情绪，感受它们的变化和流动。拥抱当下，拥抱努力的自己。相信自己值得被善待也值得被爱，也记得好好爱自己。

或许，最好的生活状态其实莫过于，一个人也好好生活，一群人也不会丢失了自我。一个人时专注自己，认真生活，有人爱时拥抱彼此，也不忘了关照自我。

百米而已，在这短暂难得的生命历程中，做好自己。

二、守护心灵之光

人的存在有两个基本向度——个人和社会。我们既要重视群体的伦理道德规范，又要关注自我生命内部的个体性光辉。在尘世中种种裹挟着物质的、功利的势力向我们袭来时，在一些必然面对的抉择中，我们要突破“脑”对利弊得失的计算、权衡，反观自己的灵魂，叩问自己的内心，把自己重新拉回个人的、情感的、审美的向度上来。守住自己的心灵之光，如此方不会变成茫茫尘世的一个工具性人物。本部分，我们将一起走近率真自然的林黛玉，探究她守护心灵之光的“真”经；认识《庄子》中的几个生命，感受民族基因中的“真”谛；倾听几位同学“真”心话，思考当下的我们如何守“真”出新。

红楼讲堂

黛玉：质本洁来还洁去

大观园中有很多既有才且美的女子，如温柔敦厚的宝钗、风流娇憨的湘云、爽朗大气的探春，为什么作者却独钟情于敏感孤傲的黛玉？为什么读者的心也常常被黛玉的喜怒哀乐牵动着，与她同频共振？答案或许有很多，但其中重要的一点是黛玉的“真”——率真任性而不染尘俗，这也是她在“风刀霜剑”下守护的“心灵之光。”

(一)“阿颦之天性”

何为“阿颦之天性”？让我们来读一读第七回送宫花的情节。这一回中，薛姨妈托周瑞家的送宫花，周瑞家的先送迎、探、惜三春，再送王熙凤，最后才来送给黛玉。我们来看当时的情景：

周瑞家的进来笑道：“林姑娘，姨太太着我送花儿与姑娘戴来了。”宝玉听说，便先问：“什么花儿？拿来给我。”一面早伸手接过来了。开匣看时，原来是宫制堆纱新巧的假花儿。黛玉只就宝玉手中看了一看，便问道：“还是单送我一个人的，还是别的姑娘们都有呢?”周瑞家的道：“各位都有了，这两枝是姑娘的了。”黛玉冷笑道：“我就知道，别人不挑剩下的也不给我。”周瑞家的听了，一声儿不言语。

黛玉直截了当地表达自己不满的情绪。对此，甲戌本脂砚斋眉批曰：“将阿颦之天性从骨中一写，方知亦系颦儿正传”。看一看便发问“还是单送我一个人的，还是别的姑娘们都有呢?”这是黛玉的敏感。冷笑着说“我就知道，别人不挑剩下的也不给我”，这是黛玉的率真。

“挑剩下”的宫花，勾起了黛玉的寄人篱下之感，她被伤了自尊，挫了傲气。可以说黛玉在意的并不是宫花本身，而是他人对自己的态度。于是即便是对贾府最有体面的上等仆人、王夫人的陪房周瑞家的，她也要一针见血，毫不客气。这就是黛玉的“天性”——敏感、率真。聪明伶俐、辨色知意的黛玉，有锐利的眼睛、敏感的心灵，更有卓绝的口才。她凡事从心，对于每一件细小之事，她都记在心里，她也都会毫不留情地道破。看透，就要说透，不顾及对方的权重，不遮掩自己的内心。与其说她不惯于看别人脸色行事，不如说她不惯于违背自己的真心。黛玉就像一块水晶，通透澄澈，容不下半点污垢，也是如此不懂圆滑，棱角分明。

这里我们可以做两组对比：

第一组，对比周瑞家的送宫花前后受到的待遇：

见他进来，宝钗才放下笔，转过身来，满面堆笑让：“周姐姐坐。”

周瑞家的将花送上，说明缘故。二人(注：迎春、探春)忙住了棋，都欠身道谢，命丫鬟们收了。

平儿便到这边来，一见了周瑞家的便问：“你老人家又跑了来作什么?”

作为贾府的关键娘子，周瑞家的受到了宝钗、迎、探、惜诸人的热情接待，她们或礼让，或亲热，都给予了周瑞家的足够的尊重。但是到黛玉这里，她受了冷待和冷言。周瑞家的可以安排刘姥姥见凤姐，也可以轻易帮女婿冷子兴脱罪，得罪这样的人，让人不禁为林妹妹担心。但林妹妹从不思考谁可以得罪、谁不该得罪，一切都随着她生性的好恶，凭着她感情的流转，心中所想即口中所言。

第二组，对比黛玉对周瑞家的与送燕窝的婆子：

就有蘅芜苑的一个婆子，也打着伞提着灯，送了一大包上等燕窝来……黛玉道：“回去说‘费心’。”命他外头坐了吃茶。婆子笑道：“不吃茶了，我还有事呢。”黛玉笑道：“我也知道你们忙。如今天又凉，夜又长，越发该会个夜局，痛赌两场。”婆子笑道：“不瞒姑娘说，今年我大沾光儿了。横竖每夜各处有几个上夜的人，误了更也不好，不如会个夜局 ，又坐了更，又解闷儿。今儿又是我的头家，如今园门关了，就该上场了。”黛玉听说笑道：“难为你。误了你发财，冒雨送来。”命人给他几百钱，打些酒吃，避避雨气。

黛玉为什么要冷待周瑞家的？是因为黛玉心高气傲、目无下尘、待人刻薄吗？你看面对蘅芜苑的普通婆子，林妹妹都热情地道谢、贴心地赏赐。黛玉的行为是内心的真实呈现，无关身份地位。一个是贾府有头有脸的管家娘子，一个是蘅芜苑的普通仆妇，在黛玉眼中并无高下之分。而黛玉更会教香菱学诗、顺手给小丫头佳蕙钱，即便对赵姨娘也礼遇有加。

我常想如果宝钗遇到同样的情景会如何做？我想她一定不动声色，含笑道谢。正如庚辰本夹评宝钗：“宝卿待人接物，不疏不亲，不远不近。可厌之人，亦未见冷淡之态，形诸声色；可喜之人，亦未见醴密之情，形诸声色。”黛玉不会像宝钗安分随时、八面玲珑，把人生当作了表演的舞台，在意观众的眼光。黛玉只要率真任性地做自己。她的言谈举止，全都听凭她纯真天性的驱使，不蒙面纱，也不计后果。她的尖言刻语之下，是她的一颗“真”心。

【讨论任务】

大观园中的林黛玉，一言一语、一颦一笑中都透着真性情，她讲真话，用真心，动真情，做真人。你还能从其他角度找到例子吗？

● 学生分享

生 1：聚焦语言时，要考虑对象。在贾府中的黛玉有三重身份：晚辈、平辈、主子，因而说话对象也分为三类：长辈、平辈、仆人。黛玉与仆人的对话，之前的分析已可见一斑。

黛玉与长辈们的言谈举止都非常大方得体，甚至察言观色，斟酌字句。那是出于黛玉内心对长辈们的尊重。

黛玉与平辈们的交谈，更是情色由衷。她自由地抒发自己的爱憎，大胆地揭露他人不可言说的心机，毫不避讳地表现自己的喜悦或不满，率真直露。

在宝黛二人正式交心之前，“金玉良缘”的薛宝钗让黛玉极度缺乏安全感，而透明的林妹妹也患得患失，为捍卫爱情而机锋直露。第八回中，林黛玉撞见了宝钗、宝玉二人挨肩坐着说话，心生不满，便出言讽刺和自嘲：“哎哟，我来得不巧了”，言外之意自己打扰了他们二人的亲密行为；宝玉听薛宝钗不要喝冷酒的意见，不满的林黛玉便用丫鬟雪雁送手炉借题发挥：“我平日和你说的，全当耳旁风；怎么他说了你就依，比圣旨还快些!”指桑骂槐，明说雪雁，暗骂宝玉平日里不听自己劝告而遵从薛宝钗的劝解。宝玉、宝钗都知黛玉是借此奚落。第二十回中，黛玉得知宝玉从宝钗家里来，便“冷笑”道：“我说呢，亏在那里绊住，不然早就飞了来了。”对此，庚辰本侧批说：“总是心中事语，故机括一动，随机而出。”第二十二回，宝玉称赏宝钗无书不知，林黛玉道：“安静看戏罢，还没唱《山门》，你倒《妆疯》了。”率性而言，将自己的醋意和盘托出，将自己的一片冰心表露无遗。

可是面对宝钗不当众揭穿“良辰美酒奈何天”“纱窗也没有红娘报”等语句的来历，面对自己嗽疾发作时宝钗送来燕窝与倾情的陪伴，黛玉能够检讨自己对她的误会，感激地说了一番掏心窝子的话：

黛玉叹道：“你素日待人，固然是极好的，然我最是个多心的人，只当你心里藏奸。从前日你说看杂书不好，又劝我那些好话，竟大感激你。往日竟是我错了，实在误到如今。细细算来，我母亲去世的早，又无姊妹兄弟，我长了今年十五岁，竟没一个人像你前日的话教导我。怨不得云丫头说你好，我往日见他赞你，我还不受用，昨儿我亲自经过，才知道了。比如若是你说了那个，我再不轻放过你的；你竟不介意，反劝我那些话，可知我竟自误了。”

卸下防备的林黛玉，与宝钗推心置腹，将自己的内心所想毫无保留地说出来，可见其心无城府，毫无心机，甚至可说是纯真无邪。只要旁人对她好，她便秉持一颗赤子之心感恩戴德，以真心回报。从此，她真的把宝钗当成姐姐，认了薛姨妈做妈妈，宝琴来了，她直呼妹妹，又向宝玉承认自己以前错了，可见黛玉之简单纯粹、天真率性。

和同龄的兄弟姐妹们在一起的时候，黛玉天性里的率真就会随着一定的时机表现出来，机敏善辩而纯真赤诚，成为姐妹中的开心果。我们看第四十二回中“潇湘子雅谑补余音”一段：

李纨道：“我请你们大家商议，给他多少日子的假。我给了他一个月，他嫌少，你们怎么说?”黛玉道：“论理一年也不多。这园子盖才盖了一年，如今要画自然得二年工夫呢。又要研墨，又要蘸笔，又要铺纸，又要着颜色，又要……”刚说到这里，众人知道他是取笑惜春，便都笑问说“还要怎样?”黛玉也自己撑不住笑道：“又要照着这样儿慢慢的画，可不得二年的工夫!”众人听了，都拍手笑个不住。宝钗笑道：“‘又要照着这个慢慢的画’，这落后一句最妙。所以昨儿那些笑话儿虽然可笑，回想是没味的。你们细想颦儿这几句话虽是淡的，回想却有滋味。我倒笑的动不得了。”惜春道：“都是宝姐姐赞的他越发逞强，这会子拿我也取笑儿。”

黛玉忙拉他笑道：“我且问你，还是单画这园子呢，还是连我们众人都画在上头呢?”惜春道：“原说只画这园子的，昨儿老太太又说，单画了园子成个房样子了，叫连人都画上，就像‘行乐’似的才好。我又不会这工细楼台，又不会画人物，又不好驳回，正为这个为难呢。”黛玉道：“人物还容易，你草虫上不能。”李纨道：“你又说不通的话了，这个上头那里又用的着草虫？或者翎毛倒要点缀一两样。”黛玉笑道：“别的草虫不画罢了，昨儿‘母蝗虫’不画上，岂不缺了典!”众人听了，又都笑起来。黛玉一面笑的两手捧着胸口，一面说道：“你快画罢，我连题跋都有了，起个名字，就叫作《携蝗大嚼图》。”

黛玉打趣作画的惜春，打趣游园的刘姥姥，舌灿莲花，妙语连珠。在其他情节中我们还看到她打趣咬舌的湘云，打趣贫嘴的凤姐，说话幽默风趣、自然率性、毫无顾忌，常令大家解颐，甚至捧腹。

正如李嬷嬷评价黛玉：“真真这林姐儿，说出一句话来，比刀子还尖。”而同时也正如宝钗评价“真真这个颦丫头的一张嘴，叫人恨又不是，喜欢又不是”。真率的林黛玉，毫不遮掩地表露着自己的内心世界，向人们敞开了她那纯真无邪的心扉。黛玉之冰心玉壶，晶莹剔透，纯如赤子。“真情”“真人”“真性”之标签当属黛玉。

生 2：我关注林妹妹的“哭”与“笑”。哭与笑都是人的情感的直观、外在体现。

梳理《红楼梦》前八十回，黛玉哭了四十多次。我看到了黛玉“啼哭”“大哭”“涕泣”“抽抽噎噎”“掩面自泣”“潸然泪下”……拜别父亲，初见外祖母，误剪香袋，叩门被拒，感悟葬花，宝玉表白，宝玉挨打，紫鹃试玉，睹物思乡……涉及“哭”的事件、缘由众多。她的每滴泪中都含着真情。

但令人吃惊的是，黛玉更爱笑。据统计，前八十回中黛玉“笑”了一百七十多次，这还不包括“冷笑”。黛玉“点头笑”“摇头笑”“满面含笑”“抿着嘴笑”“拍着手笑”“笑岔了气”“笑得喘不过气来”“嘴里咬着手帕子笑”……黛玉初进贾府，邢夫人苦留吃饭，她笑着回绝；王夫人说起顽劣的宝哥哥，她笑着回话；赵姨娘来潇湘馆探望，她笑着让坐；薛姨妈慰痴颦，感受到关心和爱护，她笑得开心；意绵绵静日玉生香，开着玩笑，她笑得纯真；桃花树下共读西厢，情窦初开，她笑得浪漫，笑得温馨；宝玉冒着风雨来探望，她笑得幸福；刘姥姥二进大观园，她笑岔了气；写诗联句，她笑得自信；戏称探春为“蕉叶覆鹿”，她笑得童心未泯、雅趣十足……她笑得灿烂、张扬、美丽、肆无忌惮，活脱脱一个活泼可爱、纯粹本真的小女子。

悲伤的时候，就痛快地哭；高兴的时候，就酣畅地笑。她享受着青春特有的酸甜滋味，在处处是规矩和教条的环境中，不受拘束，任心飞扬。

【教师总结】

黛玉真，她的悲戚、欢笑，她的奚落、赞美，一切都随性而来，直来直去。她因真而美，因真而可爱，因真而感动读者。“真”可贵，然而，更可贵的是，黛玉能够“守真”。

守真，对于黛玉来说太难了。从社会环境来看，这是个女子无才便是德的社会，是个自主恋爱为世不容的世界，在这里仕途经济才是正道。从生存环境来看，豪门贵族、簪缨之家的贾府，有固定的生存法则，隐忍曲承、安分随时、装愚守拙能得到认可与称赞，如宝钗；缜密的机心、巧妙的欺诈，可以换取欢心与利益，如熙凤。这就是环境向人们所提出的做人标准。而黛玉却不因寄人篱下的艰难处境而改变自己，她尽情地展露自己的才华、追求，始终一任自然，固守本真。

其实，我们每个人都有着心灵之光，那是来自于生命内部的个体性光辉。这种光辉的内容可能因人而异，但却构成了最最本真的自我。然而，环境的变化、他人的评价、外物的诱惑，会化作一层层尘埃，逐渐掩盖住这道光芒。如何守护自己的心灵之光呢？我们来向黛玉取取经。

(二)不以物易其性——自我的持守

“天下莫不以物易其性”出自《庄子》，意为：天下世人没有不因身外之物而迷失其本性的。人是社会性动物，总要在与外界的接触中逐渐成长。但是，是被外物裹挟而失去自我，还是超然物外而成为更好的自己？不同的人，给出了不同的答案。

外物，可为有形的物质利益。身为贾府管家人的王熙凤，就在金钱中迷失了自己。她迟发月例放高利贷而谋一己私利，更“弄权铁槛寺”，为三千两贿银而残害两条年轻的生命。对物欲的追求，遮掩了她精明强干、善解人意、乖巧机智的光芒，也造成了她的悲剧结局。

外物，也是无形的价值准则，比如社会的准则、他人的评价。我们从宝钗的成长史中可以看见“物易其性”的过程。第四回中这样介绍宝钗：

还有一女，比薛蟠小两岁，乳名宝钗，生得肌骨莹润，举止娴雅。当日有他父亲在日，酷爱此女，令其读书识字，较之乃兄竟高过十倍。自父亲死后，见哥哥不能体贴母怀，他便不以书字为事，只留心针黹家计等事，好为母亲分忧解劳。

第四十二回中，宝钗劝黛玉，更是自述成长史：

你当我是谁，我也是个淘气的。从小七八岁上也够个人缠的。我们家也算是个读书人家，祖父手里也爱藏书。先时人口多，姊妹弟兄都在一处，都怕看正经书。弟兄们也有爱诗的，也有爱词的，诸如这些“西厢”“琵琶”以及“元人百种”，无所不有。他们是偷背着我们看，我们却也偷背着他们看。后来大人知道了，打的打，骂的骂，烧的烧，才丢开了。

听从了“大人”的教诲，知道了什么才是女子的分内事；为了“体贴母怀”，她放下钟爱的诗书，拿起了针黹，宝钗活在了别人的眼光里——她要用意志压抑自己的七情六欲和兴趣爱好，要端庄得体、稳重平和，要清心寡欲、随分从时，要有礼数、懂进退、会利弊权衡，要劝人读书、考试、做官、应酬。大人的严管责打、礼制的规约、俗世的熏染，都遮蔽了其女儿真性。于是我们只能在宝钗扑蝶时看见一个天真活泼的少女模样，更多时候我们看到的是“热面冷心”的宝姐姐。冯其庸说：“她对于别人，对于世事，完全没有一丝一毫的真心，真是‘淡’到了极点，也就是‘冷’到了极点。”金钏投井、三姐自刎、柳湘莲出家、宝玉失踪时，我们都被宝钗的“冷”刺伤。

在与外物的接触中，被裹挟、同化，失去本真，失去个性，失去活力，大概就是宝玉说“女孩儿未出嫁，是颗无价之宝珠；出了嫁，不知怎么就变出许多的不好的毛病来，虽是颗珠子，却没有光彩宝色，是颗死珠了；再老了，更变的不是珠子，竟是鱼眼睛了”的根本原因。

人的成长，本不应以迷失本性为代价。我们看黛玉，经历了至亲的生离死别，寄居在鱼龙混杂的贾府，黛玉遭遇的“外物”并不比别人少。但是她没有把外物当成捆绑自身的枷锁，超然物外，固守真纯。玲珑剔透的她体会到世情冷暖，也能看穿事实真相。但她看透生活的真相后，没有选择收敛锋芒，而是保留一颗真心，说想说的话，做想做的事。你看，凤姐说笑以讨贾母欢心，宝钗和顺以博得好感，迎春隐忍以息事宁人，赵姨娘谋划以期扶正，“乌眼鸡”们明争暗斗，“须眉浊物”追腥逐臭，黛玉却守护着自己的个性，清淡外物，漠视功名，我行我素，随“心”生活。

正因其不被“物”改变本性，她方能固守美好，成为最美丽的风景。

在森严的等级之下，黛玉眼中却没有尊卑贵贱，只论品性意气。这一份发自内心的温暖善良让黛玉充满了人性之美。对于丫鬟、仆妇、侍妾都一视同仁，平等相待，丝毫没有主子架子。她教香菱学诗，热心而投入，让遭遇流离的香菱忘却了人世的悲苦烦恼，进入诗词的广阔天地；她待紫鹃如姐妹，紫鹃也是“一片真心为姑娘”，这是《红楼梦》中最温情的主仆。

在钟鸣鼎食的封建家庭里，黛玉抵挡住仕途经济、功名利禄，更不会以他人所向来塑造自我。她心中无仕途经济，也不因周遭众人追求而改变自我、隐藏自我。第九回宝玉入学，袭人为宝玉准备笔墨纸砚，不断地劝说宝玉要“念书的时候想着书，不念的时节想着家些”，劝宝玉走仕途，考科举，再看黛玉：

宝玉忽想起未辞黛玉，因又忙至黛玉房中来作辞。彼时黛玉才在窗下对镜理妆，听宝玉说上学去，因笑道：“好，这一去，可定是要‘蟾宫折桂’去了。我不能送你了。”

一个“蟾宫折桂”便道出了黛玉对封建仕途思想的讽刺。她不愿压抑自己的个性，改变自己性情，博得“淑女”好名声，但也正是因为这样才让她无羁无绊，让她成为大观园中身心最自由的人。

在待人要蒙上面纱、说话要隐藏真心的环境中，黛玉的言行却只是单纯地因为自己的情感和情绪，一片冰心完全袒露。她生气，她欢喜，她憎恶，她欣赏，她觉得自己委屈就哭，发现自己错了就真心检讨，她和宝钗握手言和，敞开心扉，也能与刚刚吵过架的湘云一起笑话宝玉。她付出真心，也能获得别人的真心。精明的熙凤、聪慧的紫鹃、慕雅的香菱、豁达的史湘云都喜欢她，都能够与她亲密地说私房话。因为，没有人不喜欢面对真实、被别人真情以对。以真心换真心，简单纯粹，这在纷杂喧嚣的世界里太可贵了。

【讨论任务】

超然物外，淡薄功名利禄，不受礼法的约束；自然本色，不虚伪，不做作，对人坦诚，内心温暖，不以外物易其性。我们不禁要问，是什么让黛玉守住了自己的独立人格，维护了精神自由？

维度 1：窗前亦有千竿竹——诗意的栖居

不知道大家有没有过这样的经历，当你奔波一天，精疲力竭，或被人误会，内心委屈时，回到自己的小屋，或听一首歌，或泡一壶茶，或读一本书，或做一项自己喜欢的手工，在这种恬淡美好、温暖和谐的氛围中，胸中阴霾会逐渐散去。的确，抵御外物的侵袭，守护自己的一片真心，人需要排遣，也需要充电——退居心灵的栖息地，就能实现诗意的栖居。

潇湘馆就是黛玉的栖息地。让我们先来认识一下潇湘馆。

忽抬头看见前面一带粉垣，里面数楹修舍，有千百竿翠竹遮映。众人都道：“好个所在！”于是大家进入，只见入门便是曲折游廊，阶下石子漫成甬路。上面小小两三间房舍，一明两暗，里面都是合着地步打就的床几椅案。从里间房内又得一小门，出去则是后院，有大株梨花兼着芭蕉。又有两间小小退步。后院墙下忽开一隙，得泉一派，开沟仅尺许，灌入墙内，绕阶缘屋至前院，盘旋竹下而出。(《第十七至十八回　大观园试才题对额　荣国府归省庆元宵》)

……只见凤尾森森，龙吟细细……宝玉信步走入，只见湘帘垂地，悄无人声。走至窗前，觉得一缕幽香从碧纱窗中暗暗透出。(《第二十六回　蜂腰桥设言传心事　潇湘馆春困发幽情》)

一进院门，只见满地下竹影参差，苔痕浓淡……一面想，一面只管走，不防廊上的鹦哥见林黛玉来了，嘎的一声扑了下来，倒吓了一跳……那鹦哥便长叹一声，竟大似林黛玉素日吁嗟音韵，接着念道："侬今葬花人笑痴，他年葬侬知是谁？试看春尽花渐落，便是红颜老死时。一朝春尽红颜老，花落人亡两不知！"……吃毕药，只见窗外竹影映入纱来，满屋内阴阴翠润，几簟生凉。黛玉无可释闷，便隔着纱窗调逗鹦哥作戏，又将素日所喜的诗词也教与他念。(《第三十五回　白玉钏亲尝莲叶羹　黄金莺巧结梅花络》)

刘姥姥因见窗下案上设着笔砚，又见书架上磊着满满的书，刘姥姥道："这必定是那位哥儿的书房了。"贾母笑指黛玉道："这是我这外孙女儿的屋子。"刘姥姥留神打量了黛玉一番，方笑道："这那像个小姐的绣房，竟比那上等的书房还好。"(《第四十回　史太君两宴大观园　金鸳鸯三宣牙牌令》)

大观园是曹雪芹的理想国，潇湘馆是林黛玉的乌托邦，黛玉在这里超然于世外，保全了孤高圣洁的内心世界。

这个本就清幽的所在，经黛玉的布置更添文气和诗情。这里有千竿翠竹、一树梨花，还有清泉静流、苔痕浓淡、纱窗透碧、宝鼎燃香、图书满架……风过竹叶龙吟细细，清泉流水潺潺，以及檐下鹦鹉的念诗声，这一切再加上清高脱俗、孤傲自矜的黛玉，构成了清灵、安谧、孤高、飘逸的整体环境。

● 学生分享

生 1：《红楼梦》中的潇湘馆是一处竹林密植、清幽冷静之所，正照应了其主人林黛玉多愁善感、遗世独立的品格。大观园中林黛玉号"潇湘妃子"，正因其如竹一般孤傲自赏、冰清玉洁的品格。可以说，潇湘馆孕育了林黛玉性格中那一份孤高——在这里，她感怀人事，风送竹间阵阵幽凉；在这里，她独坐品茶，指尖犹留点点清香。竹的孤独，照应了黛玉的孤独，而潇湘馆中万点浓翠，正是她性格的最好写照。

更值得注意的是，当我们把潇湘翠竹联系起来看，会发现景物与人物的契合，竹声、竹影、竹形与黛玉思绪与心境相呼应。

第二十六回，潇湘馆内的黛玉回忆着《西厢记》中表现莺莺相思的优美唱词。

笼罩在翠竹丛中的潇湘馆正是黛玉心境的投影。“凤尾森森，龙吟细细”，风吹竹叶的轻轻响动有如她喃喃的内心独白。

第三十五回，宝玉挨打之后，黛玉在潇湘馆外的花荫下看见众人看望宝玉，不禁“想起有父母的人的好处来”，因而伤感不已，“泪珠满面”。于是，她回到潇湘馆，此时满地竹影参差。她走进屋内，坐在月洞窗下，“只见窗外竹影映入纱来，满屋内阴阴翠润，几簟生凉”。竹影更是黛玉的心影。

第四十五回，黛玉犯了嗽疾，于日落黄昏之时躺在病床上，“淅淅沥沥下起雨来”“兼着那雨滴竹梢，更觉凄凉”。秋夜秋风秋雨中的翠竹，正是林黛玉孤独、凄清的心境写照。

竹亦有情绪，竹也通情感，时时都在为它的女主人传情写照。

这样的潇湘馆，才能配上这样的黛玉。

这样的潇湘馆，才塑造了这样的黛玉。

生 2：我们也应关注潇湘馆内的人的活动。

一方面，黛玉在潇湘馆过着诗意的生活，读书作诗，弹琴下棋，没有钩心斗角。

在这里，她写诗、吟诗，连鹦鹉都被她熏染成了“诗歌爱好者”。第三十五回里檐下鹦哥突然大段地念《葬花吟》，语调似黛玉素日吁嗟音韵，真是神来之笔！这鹦鹉是黛玉的“粉丝”，何尝不是她的知音和亲人！黛玉逗弄鹦鹉，隔着纱窗教它念诗词，排遣自己的寂寞和忧愁。

在这里，她关心一切美好的东西。她吩咐紫鹃：“把屋子收拾了，撂下一扇纱屉；看那大燕子回来，把帘子放下来，拿狮子倚住；烧了香就把炉罩上。”(第二十七回)燕子在檐下筑巢，帘子遮住燕子的路。林黛玉关心这些小生灵，为飞来飞去的小燕子提供方便。而燃香罩炉，香气淡然缭绕，留香更持久，幽香暗暗，格调不俗。

不食人间烟火的诗意，能丰盈人的生命。寄人篱下、爱而不得、身体病弱，这些痛苦在潇湘馆的诗意生活中都能被融化，让她的真、善、美不断续航。

另一方面，潇湘馆在幽冷中也有融融的暖意。

在这里，她教香菱写诗，将香菱的灵性与诗性完美启动；她和湘云卧谈，不知说了多少体己话。更重要的是，潇湘馆内上下一心，秩序井然，暖风融融。这里有温柔细心的紫鹃，她对黛玉的关爱从身体到心灵，一声声叮咛里弥漫着温暖的烟火气；这里有机灵的小丫头雪雁，送来的手炉里凝聚着关心，拒绝赵姨娘的托词里透着机智；薛姨妈谈论宝黛联姻，众嬷嬷急切的反应里是对黛玉幸福的热切期盼；就连那廊上的鹦鹉都知道叫“雪雁，快掀帘子，姑娘来了”。这里没有怡红院的登高踩低，没有紫菱洲的奴大欺主，没有藕香榭里的藏藏掖掖，没有王夫人屋里的明偷暗盗。这温暖怡人的潇湘馆是一个平静的港湾，多像我们的小家啊！它既符合我们的审美，又温暖着我们的心灵，滋养着我们的精神。

生 3：潇湘馆是读书的好地方，连贾政都感叹“若能月夜坐此窗下读书，不枉虚生一世”。黛玉没有辜负潇湘馆。刘姥姥到此，“见窗下案上设着笔砚，又见书架上磊着满满的书”。磊，众石也。石头很多，层层叠叠曰磊。一个“磊”字足见黛玉架上之书的丰富。

书，是林妹妹战胜俗世、保有性灵的利器。黛玉读什么书呢？

第二十三回描写宝黛共读《西厢记》，黛玉“从头看去，越看越爱看，不到一顿饭工夫，将十六出俱已看完，自觉词藻警人，余香满口。虽看完了书，却只管出神，心内还默默记诵”。第三十五回黛玉由“满地下竹影参差，苔痕浓淡”便想起《西厢记》中“幽僻处可有人行，点苍苔白露泠泠”二句，感叹：“双文，双文，诚为命薄人矣。然你虽命薄，尚有孀母弱弟；今日林黛玉之命薄，一并连孀母弱弟俱无。古人云‘佳人命薄’，然我又非佳人，何命薄胜于双文哉！”可见，黛玉对《西厢记》之熟悉，甚至共鸣。《西厢记》这类非正统的书，使她超越了闺教的束缚，增强了叛逆的勇气和决心。

当然黛玉还爱读诗书。第四十八回黛玉教香菱写诗时说：

你若真心要学，我这里有《王摩诘全集》，你且把他的五言律读一百首，细心揣摩透熟了，然后再读一二百首老杜的七言律，次再李青莲的七言绝句读一二百首。肚子里先有了这三个人作了底子，然后再把陶渊明、应玚、谢、阮、庾、鲍等人的一看。你又是一个极聪敏伶俐的人，不用一年的工夫，不愁不是诗翁了！

可以想见，黛玉书架上摆的最多的是诗书。当黛玉沉浸于诗的世界中，她是投入且快乐自足的。香菱学诗时看见那么多的诗集林黛玉都做了旁批，画了红圈。这些诗书造就了她诗人的气质才情，丰盈充实了她的灵魂世界。

我想，黛玉书架上应该还有《庄子》：她见到宝玉在《庄子》上所续之文，于是提笔写“无端弄笔是何人？作践南华庄子因。不悔自己无见识，却将丑语怪他人！”可见她对《庄子》的理解比宝玉要更深刻。黛玉应该读过佛经，她对佛法参悟得很透彻，如她问宝玉：“至贵者是‘宝’，至坚者是‘玉’。尔有何贵？尔有何坚？”问倒宝玉后，又说“你那偈末云，‘无可云证，是立足境’……还未尽善，我再续两句在后。”因念云：“无立足境，是方干净”。

读书是一种提升自我修养的方式，既能延展精神世界的疆土，也能淬炼意志品质。这些宝钗口中的“移了性情”的书，有知识，有智慧。因知识、智慧而能拥有独立思考的能力，不畏浮云遮望眼；因知识、智慧而能看透万事表象，有眼光、有定力。辽阔、坚韧的心灵，温馨、宁静的内心世界，都能给人以力量、希望，对抗外界的喧嚣和浮躁。

【教师总结】

潇湘馆里的林黛玉让我想起了杜甫的《佳人》——日暮倚修竹。潇湘馆让黛玉有一方净土，能和世俗保持距离，能保持人格的高贵和独立。黛玉幽居在潇湘馆里，读书、写诗、牵挂、落泪……品味着诗意盎然的人生，咀嚼着自己的情思。

维度 2：满纸自怜题素怨——心灵的放歌

《第四十八回　滥情人情误思游艺　慕雅女雅集苦吟诗》中有这样一段对话：

香菱笑道：“我只爱陆放翁的诗‘重帘不卷留香久，古砚微凹聚墨多’，说的真有趣！”黛玉道：“断不可看这样的诗。你们因不知诗，所以见了这浅近的就爱，一入了这个格局，再学不出来的。”

对此，钱穆先生在《谈诗》中分析道：

放翁这两句诗，对得很工整。其实则只是字面上的堆砌，而背后没有人。若说它完全没有人，也不尽然，到底该有个人在里面。这个人，在书房里烧了一炉香，帘子不挂起来，香就不出去了。他在那里写字，或作诗。有很好的砚台，磨了墨，还没用。则是此诗背后原是有一人，但这人却教什么人来当都可，因此人并不见有特殊的意境，与特殊的情趣。无意境，无情趣，也只是一俗人。尽有人买一件古玩，烧一炉香，自己以为很高雅，其实还是俗。因为在这环境中，换进别一个人来，不见有什么不同，这就算做俗。高雅的人则不然，应有他一番特殊的情趣和意境。①

黛玉的诗则不然。黛玉作诗，是在一种不可抑制的创作冲动下的精神独白，“无赖诗魔昏晓侵，绕篱欹石自沉音”，她的诗歌中，始终有着“自己”。她在《咏白海棠》《菊花诗》《螃蟹咏》《柳絮词》等诗中寄寓了自己的志趣品格，更在《葬花吟》《题帕三绝》《代别离·秋窗风雨夕》《五美吟》《桃花行》等诗中为自己抒情写怀。以上诗歌中，无论长短，或诗或词，或酒令或曲赋，首首含情思、蓄幽怨，都是黛玉的至情抒发，里面都有一个鲜活的生命主体。

---

① 钱穆：《中国文学论丛》，转引自候敏主编：《现代新儒家文论点评》，广州：暨南大学出版社，2016 年版。

● 学生分享

生 1：《红楼梦》中《第四十回　史太君两宴大观园　金鸳鸯三宣牙牌令》中黛玉说："我最不喜欢李义山的诗，只喜他这一句：'留得残荷听雨声'。"

李义山，就是李商隐。黛玉为何不喜欢李商隐的诗呢？我们可以对比黛玉和李商隐的诗句。

李商隐诗句：

此情可待成追忆？只是当时已惘然。
庄生晓梦迷蝴蝶，望帝春心托杜鹃。
沧海月明珠有泪，蓝田日暖玉生烟。

黛玉诗句：

一朝春尽红颜老，花落人亡两不知。
枕上袖边难拂拭，任他点点与斑斑。
一从陶令平章后，千古高风说到今。

李商隐的诗含蓄蕴藉，仿佛欲言又止。只读诗句，我们不知道他的悲伤心事所为何情、何谓惘然、何以惘然。他用华丽的词句、多种意义的意象、晦涩的引经据典、难以捉摸的语言把自己的满腹心事、幽微的情感遮住。

黛玉是至情至性之人，她的诗也是至情抒发，有一种天然的风韵，优美隽永。她喜欢用富有张力的语言、强烈的抒情色彩外化自己的情绪，排遣自己的情感。她感伤春光的短暂、生命的脆弱、人生的有限、命运的无常，字里行间有着强烈的生命焦虑感，让人痛彻心扉；她因得到贾宝玉送的旧帕，既欣喜感动又忧心忡忡，于是复杂的心绪、点点泪痕都写入诗中。当然，她也不是一味低沉哀怨，还会以高昂的格调、干脆的口吻赞美陶渊明的高风亮节。总之，我们能从诗中看到黛玉的形象，看到她的喜怒哀乐。

生 2：我们还可以关注黛玉作诗的缘由和作诗时的状态。

因前一日误会宝玉不理自己，黛玉心中有无限委屈。第二日黛玉躲在香冢葬花，吟出了长诗《葬花吟》；

面对宝玉挨打后派晴雯送来的旧帕，黛玉懂得其用意，"不觉神魂驰荡，……五内沸然炙起"，便在帕上题下了《题帕三绝》；

窗外秋雨连绵，黛玉久等宝钗不来，看"那天渐渐的黄昏，且阴的沉黑，兼着那雨滴竹梢，更觉凄凉"，在灯下遂翻看《乐府杂稿》中的《秋闺怨》《别离怨》等词。"黛玉不觉心有所感，亦不禁发于章句"，遂拟《春江花月夜》之格，写成《秋窗风雨夕》。

“心有所感，亦不禁发于章句”，诗歌是她安放心灵的艺术空间。

我们再来看黛玉沉浸在诗歌创作时的生命状态：《咏白海棠》时，当众人拿到了诗题“都悄然各自思索起来”时，“独黛玉或抚梧桐，或看秋色，或又和丫鬟们嘲笑。”最后，“说着，提笔一挥而就，掷与众人”。庚辰双行夹批评诗“虚敲旁比，真逸才也。且不脱落自己”；三首《菊花诗》，黛玉接连勾选三个选题；中秋节，黛玉和史湘云月下联诗，二人神采飞扬，何等快意。每当史湘云说出两句诗，她“起身叫妙”，“又叫好，又跺足”，感叹“我竟要搁笔了”。吟诗作赋时，她不再是那个病体瘦弱的林妹妹，她心境平和而舒展，她逸兴遄飞、襟怀洒落，她全情投入，忘记了宠辱烦恼，别具情怀。

【教师总结】

诗歌是黛玉丰富的内心世界的独白：有满腹抑郁无处排遣的孤独苦闷，也有内心深处无法直陈的深沉爱意；有对自己身世的感喟，也有对青春易逝的伤感；有对前途茫茫不知何处是归宿的忧伤，也有渴望摆脱现实处境追求理想天地的激情……如果说读书是输入，强健人的精神筋骨，丰盈人的精神生命，是赋能。那么写诗对于黛玉来说，就是输出，可以让黛玉尽情地表达自己与众不同的心声，抒发主体感受，排遣内心郁结，宣泄痛苦和悲愤，抒写欢乐与爱情，表示抗议与叛逆的决心，可以让林黛玉在污浊的尘世当中找到心灵的栖息地。这本身就是一种疗治，是黛玉守护心灵之光的一个重要途径。

维度 3：知心一个也难求——灵魂的旅伴

《第五十七回　慧紫鹃情辞试忙玉　慈姨妈爱语慰痴颦》中，紫鹃曾以“万两黄金容易得，知心一个也难求”，感叹宝玉、黛玉心意相通的可贵。的确，林黛玉以孤标傲世、卓然不群的姿态张扬着自己的个性，真率而锋芒毕露地生活着。她要承受精神世界的孤独，也要直面现实世界的碰撞。幸而，她有贾宝玉这个“知心人”。

何谓“知心人”？是两个人拥有共同的语言、共同的爱好，是一个眼神就能心领神会的默契，更重要的，是志趣、追求上的彼此认同，是心灵、精神上高度契合。拥有这样一个知心人，可以让一个人的“真”变成两个人的共同信仰，相互扶持，坚定前行。

● **学生分享**

生 1：我们来看黛玉的两次葬花：

片段一：

那一日正当三月中浣，早饭后，宝玉携了一套《会真记》，走到沁芳闸桥边桃花底下一块石上坐着，展开《会真记》，从头细玩。正看到“落红成阵”，只见一阵风过，把树头上桃花吹下一大半来，落的满身满书满地皆是。宝玉要抖将下来，恐怕脚步践踏了，只得兜了那花瓣，来至池边，抖在池内。那花瓣浮在水面，飘飘荡荡，竟流出沁芳闸去了。回来只见地下还有许多。

宝玉正踟蹰间，只听背后有人说道：“你在这里作什么？”宝玉一回头，却是林黛玉来了，肩上担着花锄，锄上挂着花囊，手内拿着花帚。宝玉笑道：“好，好，来把这个花扫起来，撂在那水里。我才撂了好些在那里呢。”林黛玉道：“撂在水里不好。你看这里的水干净，只一流出去，有人家的地方脏的臭的混倒，仍旧把花遭塌了。那畸角上我有一个花冢，如今把他扫了，装在这绢袋里，拿土埋上，日久不过随土化了，岂不干净。”（《第二十三回　西厢记妙词通戏语　牡丹亭艳曲警芳心》）

片段二：

话说林黛玉只因昨夜晴雯不开门一事，错疑在宝玉身上。至次日又可巧遇见饯花之期，正是一腔无明正未发泄，又勾起伤春愁思，因把些残花落瓣去掩埋，由不得感花伤己，哭了几声，便随口念了几句。不想宝玉在山坡上听见，先不过是点头感叹；次后听到“侬今葬花人笑痴，他年葬侬知是谁”，“一朝春尽红颜老，花落人亡两不知”等句，不觉恸倒山坡之上，怀里兜的落花撒了一地。试想林黛玉的花颜月貌，将来亦到无可寻觅之时，宁不心碎肠断！既黛玉终归无可寻觅之时，推之于他人，如宝钗、香菱、袭人等，亦可到无可寻觅之时矣。宝钗等终归无可寻觅之时，则自己又安在哉？且自身尚不知何在何往，则斯处、斯园、斯花、斯柳，又不知当属谁姓矣！——因此一而二，二而三，反复推求了去，真不知此时此际欲为何等蠢物，杳无所知，逃大造，出尘网，使可解释这段悲伤。正是：花影不离身左右，鸟声只在耳东西。

那黛玉正自伤感，忽听山坡上也有悲声，心下想道：“人人都笑我有些痴病，难道还有一个痴子不成？”想着，抬头一看，见是宝玉。（《第二十八回　蒋玉菡情赠茜香罗　薛宝钗羞笼红麝串》）

对于美、对于生命、对于这世间的一切美好事物，宝黛二人都有着相似的迷恋与伤感，这是宝黛二人精神世界的交点。正如甲戌本眉批所言：“不言炼句炼字辞藻工拙，只想景想情想事想理，反复推求悲伤感慨，乃玉兄一生之天性。真颦之知己，玉兄外实无一人。”能够懂得黛玉性灵之美的，世上唯有宝玉一人。黛玉看到“花谢花飞花满天”，便“手把花锄出绣闺”，听到“昨宵庭外悲歌发”，便疑“知是花魂与鸟魂？”《葬花吟》背后的哀叹宝玉能听懂，故而宝玉竟“恸倒山坡之上，怀里兜的落花撒了一地。”《咏白海棠》，首联“半卷湘帘半掩门，碾冰为土玉为盆”便博得宝玉的喝彩，还赞叹“从何处想来！”钦佩之情溢于言表，后来又为黛玉诗居宝钗之后鸣不平。第七十回宝玉读《桃花行》时“却滚下泪来”，一下就认出这只能是“潇湘子稿”，他理解“林妹妹曾经离丧”，故“作此哀音”。

生 2：宝玉和黛玉的“知己”是建立在共同的价值取向和人生追求的基础上的。

湘云笑道：“还是这个情性不改。如今大了，你就不愿读书去考举人进士的，也该常常的会会这些为官做宰的人们，谈谈讲讲些仕途经济的学问，也好将来应酬世务，日后也有个朋友。没见你成年家只在我们队里搅些什么！”宝玉听了道：“姑娘请别的姊妹屋里坐坐，我这里仔细污了你知经济学问的。”袭人道：“云姑娘快别说这话。上回也是宝姑娘也说过一回，他也不管人脸上过的去过不去，他就咳了一声，拿起脚来走了。这里宝姑娘的话也没说完，见他走了，登时羞的脸通红，说又不是，不说又不是。幸而是宝姑娘，那要是林姑娘，不知又闹到怎么样，哭的怎么样呢。提起这个话来，真真的宝姑娘叫人敬重，自己讪了一会子去了。我倒过不去，只当他恼了。谁知过后还是照旧一样，真真有涵养，心地宽大。谁知这一个反倒同他生分了。那林姑娘见你赌气不理他，你得赔多少不是呢！”宝玉道：“林姑娘从来说过这些混帐话不曾？若他也说过这些混帐话，我早和他生分了。”袭人和湘云都点头笑道：“这原是混帐话。”

……(林黛玉)不想刚走来，正听见史湘云说经济一事，宝玉又说，林妹妹不说这样混帐话，若说这话，我也和他生分了。

林黛玉听了这话，不觉又喜又惊，又悲又叹。所喜者，果然自己眼力不错，素日认他是个知己，果然是个知己。(《第三十二回　诉肺腑心迷活宝玉　含耻辱情烈死金钏》)

对此，蒙侧批“花爱水清明，水怜花色新。浮落虽同流，空惹鱼龙涎”。黛玉从不像宝钗、湘云那样劝宝玉走仕途经济之路，宝玉也了解黛玉支持自己反对世俗的心思。他知道黛玉不会以世俗的地位来评判人的高下。

面对世俗的高位。宝玉递来的北静王所赠鹡鸰香串珍，黛玉说：“什么臭男人拿过的！我不要他。”掷而不取。

面对世俗的下位。黛玉能理解宝玉在熙凤庆生辰之时，偷偷跑出去祭奠金钏的行为。她既不声张也不当面劝解宝玉，借与宝钗说戏的机会，用《荆钗记》来劝慰：“这王十朋也不通的很，不管在那里祭一祭罢了，必定跑到江边子上来作什么！俗语说：‘睹物思人’，天下的水总归一源，不拘那里的水舀一碗看着哭去，也就尽情了。”

黛玉不但知道宝玉的真正想法，而且可以称得上是想宝玉所想。宝黛二人因为共有不愿与世俗同流的人生追求，关系更加亲密。宝玉这个“知己”是黛玉能持守“本真”的精神动力。

【教师总结】

我们说《红楼梦》的一条主线是宝黛之情。但他们的情，不同于世俗的男女之爱，是一种抛却功利、欲念的纯洁、性灵的知己之爱。宝黛的相互尊重、真诚关爱、和谐共鸣，是未受功利侵蚀的自然本真状态。黛玉能够在浊世立足、张扬个性，与宝玉这个“灵魂伴侣”密不可分。和黛玉青梅竹马长大的宝玉，懂得并欣赏、珍惜黛玉这纯真自然的性情。他懂得黛玉从不用“混账话”劝他背后的理解，懂得黛玉用蝇头小楷帮自己做功课的关切，懂得黛玉的泪眼及“你从此可都改了罢”所传递的真情，更懂得黛玉内心深处的孤独……他陪黛玉一起葬花，一起读《西厢记》，一起在夏日的午后躺在床上编排些无聊的废话打发时光……她懂他的痴，他懂她的真。正是因为这相似的情怀，这共同的痴念，两人才会走得更近。那份亲切感、熟悉感只有同质的人之间才会拥有，也是我们在世界上坚守本真的动力。

博雅讲堂

法天贵真：护持生命之香

林黛玉是曹雪芹塑造出的至情至性的文学形象。黛玉的身上有老庄的超脱、屈子的高洁、陶渊明的淡泊、魏晋名士的傲然，寄寓了守护纯真人性、提升精神境界的道家生命智慧。她自然我的本真、社会我的天真、心灵我的纯真，闪烁着道家“法天贵真”思想的光芒。

“法天贵真”一词，出自《庄子·渔父》①：

真者，精诚之至也……礼者，世俗之所为也；真者，所以受于天也，自然不可易也。故圣人法天贵真，不拘于俗。愚者反此，不能法天而恤于人，不知贵真，禄禄而受变于俗，故不足。

这里反复出现的“天”指向自然、人的本真状态；“礼”“俗”指向被社会制约、束缚的人为习惯。“真”是一种至纯至诚的精神境界，具有动人的感染力量。人应

① 本部分所引《庄子》，均引自陈鼓应注：《庄子》，北京：国家图书馆出版社，2018年版。

自然而然地不受任何世俗约束而尽情地表达心意与感情。因而，法天贵真，即效法自然、珍贵本真，反对矫伪，这是对生命之源的尊重，对生命自由的呼唤，对生命意义的张扬。

下面我们就一起走近《庄子》中的几个生命，品味法天贵真，护持生命之香的智慧。而我们在探讨黛玉精神之源的同时，也是在给自己的心灵找一片明净的天空。

（一）凿窍之浑沌——尊重生命的本真状态，明晰“我”之所以为“我”的特质

我们先来看这样一则寓言：

南海之帝为倏，北海之帝为忽，中央之帝为浑沌。倏与忽时相与遇于浑沌之地，浑沌待之甚善。倏与忽谋报浑沌之德，曰：“人皆有七窍，以视听食息，此独无有，尝试凿之。”日凿一窍，七日而浑沌死。

居住在南海的帝王名叫倏，北海的帝王名叫忽，中央的帝王名叫浑沌。倏和忽常常一起去浑沌那里相会，浑沌经常款待他们。倏与忽就商量回报浑沌的深情厚谊，说：“人人都有两眼、双耳、一口、两个鼻孔，共七个孔窍，用来看外物、听声音、吃东西、呼吸空气，浑沌却独独没有，我们试着为他凿开出来七窍吧。”他们每天在浑沌的身上开凿出一个孔窍，待第七天七窍凿通后，浑沌就死去了。

寓言中的三个人物——倏、忽、浑沌，其命名就含有深意。倏、忽，都有急速之意；浑沌，是天地和合未分、模糊一团的状态。无孔窍是浑沌的天然本性，而倏、忽为报浑沌的款待之恩，为其强开耳目，这改变了浑沌的自然本真状态，于是报恩之举却导致了浑沌的死亡。正如《庄子集解》所言“（倏、忽）不顺自然，强开耳目，乖浑沌之至淳，顺有无之取舍，是以不终天年，中途夭折，应了老话：为者败之。”

读完这则寓言，同学们可能会想起柳宗元的《种树郭橐驼传》。郭橐驼种树“无不活”“且硕茂，早实以蕃”，也就是成活率高，枝繁叶茂，容易结果实，可谓“寿且孳”。而他的经验则简单得让人吃惊——“能顺木之天，以致其性焉尔”，也就是能够顺应树木的自然生长规律，使它的本性充分发展而已。郭橐驼对比了自己种树与其他人种树：

凡植木之性，其本欲舒，其培欲平，其土欲故，其筑欲密。既然已，勿动勿虑，去不复顾。其莳也若子，其置也若弃，则其天者全而其性得矣。故吾不害其长而已，非有能硕茂之也；不抑耗其实而已，非有能早而蕃之也。

这一段中，郭橐驼介绍自己种树的经验。他先从树木的本性入手，用四个

“欲”字，概括树木的本性，提示种树的要领。郭橐驼正是顺着树木的自然特性栽种，保护了它的生机，收到了“寿且孳”的理想效果。而与之相反，其他的种植者则违背了树木的本性：

他植者则不然，根拳而土易，其培之也，若不过焉则不及。苟有能反是者，则又爱之太恩，忧之太勤。旦视而暮抚，已去而复顾。甚者，爪其肤以验其生枯，摇其本以观其疏密，而木之性日以离矣。虽曰爱之，其实害之；虽曰忧之，其实仇之；故不我若也。吾又何能为哉？

其他种树的人违背了“木之性”，关心太过，什么都放不下，结果适得其反，以爱、忧的初衷，行害、仇之举，压抑甚至扼杀了树木的生机。

郭橐驼尊重生命的本然状态，任其自然而然地成长，不侵扰、不设限。对于自己，也认识、接纳、享受“我”之所以为“我”的特性。郭橐驼患了脊背弯曲的病，脊背高高突起，弯着腰走路，就像骆驼一样，所以乡里人称呼他叫“驼”。对于这个带有开玩笑，甚至含有嘲讽意味的名字，他不以为忤，欣然接受，说“名我固当”，甚至舍弃了他原来的名字，也自称“橐驼”。这是对自我先天特征、生命本真状态的坦然接纳，昂扬着一种自信、自足、自乐。

《庄子·人间世》中还有一个叫支离疏的人物：

支离疏者，颐隐于脐，肩高于顶，会撮指天，五管在上，两髀为胁。挫针治繲，足以糊口；鼓策播精，足以食十人。

支离疏的下巴隐藏在脐下，肩膀高过头，颈后的头发朝天，五脏穴位向上，两条大腿和胸旁肋骨相并。非但丑陋，甚至怪异，而他从不认为这外形有何异常。他有一双巧手，为人缝补衣裳，替人簸米筛糠，足够养活十口人，活得自在、安逸。庄子认为，形貌之残缺、丑陋是天生、本然之状态，个人既不必介怀，亦无须改变，唯有顺遂命运、自得其乐才是现实人生的应然之事。“无以人灭天，无以故灭命，无以得殉名。谨守而勿失，是谓反其真。”（《庄子·秋水篇》）不要因为矫揉造作而阻碍了自己的天真，不要因为世故圆滑而丧失了自己的本性，不要因为向外驰求而葬身于名利。这就是返璞归真，也就是返回到自然而然的本真状态，达到自由与自然的统一。

（二）曳尾之龟——超越功利，保持精神和人格的独立

一边是你向往的独立自由，一边是千载难逢的升官发财机遇，你会如何选择？两千年前的庄子就遇到了这样的难题。当时他正在濮水旁垂钓，楚王派两位大夫前来致意，传达了“楚王希望能劳烦您管理国内政事”的旨意。这是多少人羡慕的境遇！然而庄子却手持鱼竿，头都不回。于是有了这样一番有趣的对话：

“吾闻楚有神龟，死已三千岁矣。王以巾笥而藏之庙堂之上。此龟者，宁其死为留骨而贵乎？宁其生而曳尾于涂中乎？”

二大夫曰：“宁生而曳尾涂中。”

庄子曰：“往矣！吾将曳尾于涂中。”

这段话中，庄子突然把话题转到看似毫不相干的乌龟上去。楚国的神龟，已经死了三千年了。楚王用精致的竹箱装着它，用丝绸的巾饰覆盖它，珍藏在宗庙里。如果再给神龟一次机会，它是愿意用死来换取“留骨而贵”呢？还是愿意拖着尾巴在泥水里自由自在地活着呢？于是，“曳尾于涂中”的龟，就成了自由的象征。

在庄子心中的天平上，一边是自由，一边是功名、利益，而天平总是倾向于自由的一边。同样类型故事的主人公还有牛：

或聘于庄子。庄子应其使曰：“子见夫牺牛乎？衣以文绣，食以刍叔。及其牵而入于大庙，虽欲为孤犊，其可得乎！”

是选择做享受尊宠、荣耀、高贵，但最终要被牵入太庙用于祭祀的“牲牛”，还是做一头自由而全生的“孤犊”，这是庄子对生命价值的冷峻思考。

当然，生命的意义不只是享受自由和保全性命，庄子并不是在教唆人们放弃理想、拒绝努力而无所事事，而是在揭示功利对生命的遮蔽、扰乱、压抑与损害，教会我们在追求理想的过程中，要始终坚守天然的本性。如陶渊明的“不为五斗米折腰”，如袁宏道的鹦鹉之喻：

夫鹦鹉不爱金笼而爱陇山者，桎其体也；雕鸠之鸟，不死于荒榛野草而死于稻粱者，违其性也。异类犹知自适，何以人而桎于衣冠，豢养于禄食邪？（袁宏道《冯秀才其盛》）

他们教会我们在追求理想的过程中，放下强烈的名利之心，不要被功名、利益所束缚，忽略了原本自在的美好——精神和人格的独立。而这种精神和人格的独立，恰恰是具有重要的作用：破除了功利的禁锢，人心无挂碍，轻松上阵，只享受认真做事带来的快乐，终会水到渠成。放弃强烈的功利心，心无旁骛，不被外物所扰，更专注于眼前之事，结果总不会太让人失望。更为重要的是，超越功利的限制，跳出蜗角触蛮的狭隘，能拥有开放的心境、开阔的视角、宽广的胸襟。这也是鸱鸮与鹓鸰之别：

惠子相梁，庄子往见之。或谓惠子曰：“庄子来，欲代子相。”于是惠子恐，搜于国中三日三夜。庄子往见之，曰：“南方有鸟，其名为鹓鸰，子知之乎？夫鹓鸰，发于南海而飞于北海，非梧桐不止，非练实不食，非醴泉不饮。于是鸱得腐鼠，鹓鸰过之，仰而视之曰‘吓！’今子欲以子之梁国而吓我邪？”

(三)五石之瓠——坚信自我，明晰“无用之用”

在坚持自我本真的过程中，我们总会接收到来自四面八方的评价，甚至是质疑。这是人生命路途中必不可少的风景。有些评价、质疑，能让我们审视自己的内心和行为，发现自己的问题，正视自己的不足，助力你成为更好的自己。但有些评价、质疑，却难免会让你在自我怀疑中屈从“时俗”，违背本心，让自己“泯然于众人”。那么，何时该坚持，何时需改变？我们可以读读庄子与惠子的故事。

惠子谓庄子曰：“魏王贻我大瓠之种，我树之成而实五石。以盛水浆，其坚不能自举也。剖之以为瓢，则瓠落无所容。非不呺然大也，吾为其无用而掊之。”庄子曰：“夫子固拙于用大矣！宋人有善为不龟手之药者，世世以洴澼絖为事。客闻之，请买其方百金。聚族而谋之曰：‘我世世为洴澼絖，不过数金；今一朝而鬻技百金，请与之。’客得之，以说吴王。越有难，吴王使之将。冬，与越人水战，大败越人，裂地而封之。能不龟手一也，或以封，或不免于洴澼絖，则所用之异也。今子有五石之瓠，何不虑以为大樽，而浮乎江湖，而忧其瓠落无所容，则夫子犹有蓬之心也夫！”

惠子对庄子说：“魏王送我大葫芦种子，我将它培植起来后，结出的果实有五石容积。用大葫芦去盛水浆，可是它的坚固程度承受不了水的压力。把它剖开做瓢，却因太大而没有适于它容纳的东西。这个葫芦不是不大呀，我因为它没有什么用处而砸烂了它。”庄子说：“先生实在是不善于使用大东西啊！宋国有一善于调制不皲手药物的人家，世世代代以漂洗丝絮为职业。有个游客听说了这件事，愿意用百金的高价收买他的药方。全家人聚集在一起商量：‘我们世世代代在河水里漂洗丝絮，所得不过数金，如今一下子就可卖得百金。还是把药方卖给他吧。’游客得到药方，来游说吴王。正巧越国发难，吴王派他统率部队，冬天跟越军在水上交战，大败越军，吴王划割土地封赏他。能使手不皲裂，药方是同样的，有的人用它来获得封赏，有的人却只能靠它在水中漂洗丝絮，这是使用的方法不同。如今你有五石容积的大葫芦，怎么不考虑用它来制成腰舟，而浮游于江湖之上，却担忧葫芦太大无处可容？看来先生你还是心窍不通啊！”

惠施认为，葫芦太大，不能做成容器盛水浆，也不能剖为两半舀酒汤，可见毫无用处，既是无用之物，摔之弃之也罢！将这个故事放回到全书的语境，惠子对大瓠的怀疑，其实是对庄子思想学说的怀疑——他用的“大瓠之种”事例，意在讥讽庄子的学说大而空洞、玄而无用。而庄子则用“不皲手之药”事例来证明自己的学说大有用处，只是惠子不能通晓领悟。凡物皆有用，用分“小用”“大用”。小葫芦可以做容器、做水瓢，有小的用处；大葫芦可以掏空了，做成舟，从而泛于江上、浮于湖面，此为其“大用”。只知“小用”却不知“大用”，是惠施之昧！

至此，辩论并没有结束，惠子或许不服，或许是没有懂“以为大樽，而浮乎江湖”的价值，又以大樗为例：

惠子谓庄子曰：“吾有大树，人谓之樗。其大本拥肿而不中绳墨，其小枝卷曲而不中规矩。立之途，匠者不顾。今子之言大而无用，众所同去也。”庄子曰：“子独不见狸狌乎？卑身而伏，以候敖者；东西跳梁，不辟高下；中于机辟，死于罔罟。今夫斄牛，其大若垂天之云。此能为大矣，而不能执鼠。今子有大树，患其无用，何不树之于无何有之乡，广莫之野，彷徨乎无为其侧，逍遥乎寝卧其下。不夭斤斧，物无害者，无所可用，安所困苦哉！”

惠子对庄子说：“我有一棵大树，人家把它叫作臭椿。它那树干上有许多赘瘤，不合绳墨。它那枝杈弯弯曲曲，不合规矩。它长在路边，木匠都不看它一眼。现在你说的那段话，大而没有用，大家都不相信。”庄子说：“你难道没见过野猫和黄鼠狼吗？屈身伏在那里，等待捕捉来来往往的小动物。它捉小动物时东跳西跃，不避高下，但是一踏中捕兽的机关陷阱，就死在网中。再看那牦牛，它大如天边的云。这可以说够大的了，但是却不能捕鼠。现在你有一棵大树，担忧它没有用处，为什么不把它种在虚无之乡，广阔无边的原野，随意地徘徊在它的旁边，逍遥自在地躺在它的下面。这样大树就不会遭到斧头的砍伐，也没有什么东西会伤害它。它没有什么用处，又哪里会有什么困苦呢？”

惠子认为大樗长于路边多年，形状歪曲，木匠视为废材，臭味弥漫，众人无不鄙之。这一次他直接点出自己针对的对象——庄子的学说。“今子之言大而无用，众所同去也。”即“你的学说因大而无用，方才无人问津。”对此，庄子以狸狌和斄牛的对比，再次申明“小用”的局限。庄子指出，不是大树无用，而是惠施不知道它的大用！树干粗壮，枝叶繁茂，可乘凉，可躺歇，可攀爬，可赏玩，何其乐哉，何其妙哉！这里固然有“无用”以保身、养生之意，但我们也能从“为大樽，而浮乎江湖”“彷徨乎无为其侧，逍遥乎寝卧其下”中看到另一重“用”的境界——超越了功利价值的精神价值、审美价值。

人无法看到“大”之用，认为其无价值，一方面可能是因为先天的“无知”、生命的有限造成的视野狭窄，因而难以理解更广阔的世界，“井蛙不可以语于海者，拘于虚也；夏虫不可以语于冰者，笃于时也；曲士不可以语于道者，束于教也。”井底之蛙连井都没有出来过，怎么能跟它谈论大海的宽广；夏天的小虫到秋天就死了，怎么跟它谈论冬天的景象。对孤陋寡闻者无法谈论大道的玄妙，因为他受制于自身的见识和教养而无法理解。这是无法避免的事情，“朝菌不知晦朔，蟪蛄不知春秋”，早晨出生的菌类不到黑夜就死去，因而不知黑夜与黎明；寒蝉春生夏死或夏生秋死，因而不知春天与秋天。

更可悲的是心灵设限，把自己关在“功利”的牢笼里，变得短视。林语堂在《京华烟云》中说：“在人的一生，有些细微无用之事，本身毫无意义可言，却具有极大的重要性。时过境迁之后，回顾其因果关系，却发现影响之大，殊可惊人。”名缰利锁中人是无缘体验这种感受的。

白岩松说：“这些看似无用的事情，恰恰最能充实我们的生命。”互联网时代，生活更迭的速度加快，面对这样一个浮躁的世界，读读诗、养养花、旅旅游、作画、练练字、弹弹琴，放下牵绊、拨开尘雾，你才能得到不同的视角去观察、全新的态度去感受身边的人和事。有时做“无用”之事，离自己的灵魂就近一些。

当代之声

师生荐文

现代教育家陶行知先生曾说：“千教万教教人求真，千学万学学做真人。”真，是人的天然本性，是发自内心的一腔诚挚，是对客观事实的坚决捍卫。然而作为群体中的一员，生活在尘世间，“守真”是一个难题。我们会遇到什么难题？又要靠什么来突围？

(一)教师推荐

我想请同学们读一读钱穆先生的《如何完成一个我》，这篇文章收录在钱先生的《人生十论》里。

文章的开头，钱先生就提出了一个引人深思的问题——“天地只生了一个一个人，并未生成一个一个我。”“故人心必求成一我，而人未必真能成一我，未必能真成一真我。”

在钱穆先生看来，“我”的独特性不仅在于姓名、外貌、境遇，更在于“我”有与生俱来、与众不同的天赋，而天赋需要我们努力去完成自我实现。

完成自我实现，固然要承认自己的独一无二，尊重自己的独立意志，不做别人的复制品和附庸品。然而，“古我之所贵，贵能于人在世界中完成其为我。贵在于群性中见个性，贵在于共相中见别相。故我之为我，必既为一己之所独，而又为群众之所同。”①

这篇写于1952年的文章，今天读起来仍然有其价值和意义。的确，人不能与社会、世界脱离，也不能期待所有人都能“大隐隐于市”。其实，脱离社会和随波逐流一样，都会指向个体迷失。唯有在保有个性的基础上，以适当的方式融入外部世界，将自我独立的个性汇入群体之中，使之转化为共性，我们才能与外部世界达成一种恰当的相处模式。我们应做到无溺于名利，抛弃喧嚣，扎根生长，找有无间的“大我”。

(二)学生推荐

我推荐大家读一读丰子恺的《儿女》《送阿宝出黄金时代》等散文。

丰子恺在《儿女》中说：

因为我立刻自悟其非：我要求孩子们的举止同我自己一样，何其乖谬！我——我们大人——的举止谨惕，是为了身体手足的筋觉已经受了种种现实的压迫而痉挛了的缘故。孩子们尚保有天赋的健全的身手与真朴活跃的元气，岂象我们的穷屈？揖让、进退、规行、矩步等大人们的礼貌，犹如刑具，都是戕贼这天赋的健全的身手的。于是活跃的人逐渐变成了手足麻痹、半身不遂的残废者。残废者要求健全者的举止同他自己一样，何其乖谬！②

丰子恺先生把孩子们的童年看作黄金时代，而把长大成人看作悲哀的事情，因为儿童的“真”使人憧憬，更因为他目睹了成人的“失真”：

但是你们的黄金时代有限，现实终于要暴露的。这是我经验过来的情形，也是大人们谁也经验过来的情形。我眼看见儿时伴侣中的英雄、好汉，一个个退缩、顺从、妥协、屈服起来，到像绵羊的地步。我自己也是如此。③

这是一位父亲对孩子成长的复杂情感，更是一位智者透过儿童世界来表达的对现实人世的感悟、感叹与感慨。

但是，如果站在阿宝的立场上来思考，阿宝的“懂事”，是她心甘情愿的选择，她可能也乐在其中。人是有感情的生物，总会被自己内在的情感左右，在亲情、爱情、友情中，我们会不自觉地倾向于做出不断迎合别人的举动。这些举动是为了取得别人的“好评”，还是发自内心地希望对方快乐、幸福，其本质完全不同。前者让我们一点一点丧失成为自己的勇气，而后者也是“真”——发自内心的真情、真心、真诚、真挚。

---

① 钱穆：《人生十论》，桂林：广西师范大学出版社，2004年版，第42页。

② 丰子恺：《丰子恺散文精选》，杭州：浙江文艺出版社，2021年版，第19—20页。

③ 丰子恺：《丰子恺散文精选》，杭州：浙江文艺出版社，2021年版，第30页。

笔落抒怀

生活中，我们往往容易被外在的世界或自我的内心纠缠，遮蔽了自我人生的真实面貌，在空洞和迷茫中前行。如何让自己的人生道路清晰，如何做自己人生的真正主人，是我们都要面对的问题。

师生感悟

(一)教师个人分享

写给即将成年的你

亲爱的孩子，时间过得真快呀！你背起大大的书包走进小学校园的背影仿佛还在眼前，可一转眼，你已经站在了成人的门槛。面对成年，你既憧憬，又困惑。我知道你既希望能找个人交流，又不想听我的“老生常谈”。那么，就让我利用职业之便，把一些同龄人的思考呈现给你。

思考 1：面对同学的“内卷”，我是否要从众？

中学生活中普遍存在“忙、茫、盲”的现象，忙于学习，茫然应试，盲目内卷。其中很大一部分人是被“裹挟”的——别人刷题，我也刷；别人课后辅导，我也辅导，筋疲力尽却效果甚微。要摆脱“忙、茫、盲”的现状，首先就要找到“我”——独属于“我”的个性特点、个性需求。从选定高考科目，到制订学习计划、选择学习方法，都拒绝盲目从众，固守“真我”。同时还应跳脱出功利主义的“有用”桎梏，找到“无用”之用的大意义。如果仅仅把人当成“人力资源”，人的价值被量化为分数和证书，人作为人的价值追求和个性思维都显得无用。对知识的好奇心，探索的乐趣，个人在求索中获得的自由、快乐、幸福都将淡化。如果我们将眼光放长远，会发现有时刷一套题积累答题套路，不如读一本书提升审美与思想；在书桌前枯坐三小时效率低下，不如抽出半小时在篮球场上挥洒汗水。

思考 2：面对未来，我是否坚持自我的选择？

每当看到“某高三学生在选报志愿时，与父母意见不合，孩子坚持按照自己的意愿填报，父母要孩子相信长辈的选择是有经验有智慧的。请你拟一则短信劝告父母或孩子”这类题目时，我的内心都会问自己，明年 6 月的我面对同样的问题时，会做出怎样的选择？

就我个人来说，我喜欢历史考古。父母会认为，像数学、物理、化学、生物及历史、哲学、古文字学等基础学科，意味着出成果慢、受关注度低、没“钱途”。然而，与其随波——选择热门的专业，不如随心——坚守内心所爱。真正的勇敢，是指直面自己的内心，遵从自己的内心去选择。前有陶潜饱受“违性乖质”之苦后乐归园田，后有钟芳蓉坚守所爱选择考古，他们都在物质世界之外开拓出一个心中的“大世界”、精神的“桃花源”。

思考3：面对未来的科研路，我能否坚守初心不动摇？

未来，我会成为一名学者。这是一条艰苦的路，研究中会有坎坷，会有坐冷板凳的寂寞，会面临诸多质疑；生活中或许会承受物质的清贫。更何况，和学术前贤所面对的单纯的反对或质疑声相比，今天的学术研究更要受到“指标”的制约、“量化”的考核、“市场”的诱惑，以及种种不确定因素的干扰。此时，我思考是什么能让我坚持、坚信、坚定，卓然高蹈于尘俗之上，不蒙世俗温蠖，不被世俗同化，坚守学术的那一份高冷，坚守知识分子的皓皓之白。是孔子的“知其不可为而为之”，是屈原的“路漫漫其修远兮，吾将上下而求索”，是西南联大的“刚毅坚卓”……向历史寻求答案，用未来验证答案。

以上三位同学的思考，或许能回答你心中的疑问。而我还想再补充一个问题：在众生喧嚣的当代，如何守护心灵之光？

在快节奏发展的社会中，拜金主义与精致利己主义正侵蚀人心。在此背景下，聒噪者多、沉静者少。为随波逐流喧闹行事者有之，为一己小利大肆自我宣扬包装者有之，为速成功业空喊口号而不做实事者有之。在这样的世界，心中意志难免会被染上污垢，胸中情怀也难免会被外界纷杂影响。

故此，我希望你能向外淡泊，向内坚定，拥有不主动求名逐利、迎合世俗、坚信自己所做的意义价值的心态。当你以沉静姿态处事，向内深耕，回归人之内在与本心，必然会向内蓄力，深耕生长。

祝“成年”的你，温暖，坚定，有力量！

(二)学生写作交流

人与自我

“认识你自己！”这是铭刻在建造于三千多年前的希腊德尔菲神庙上的一条著名箴言。人对于自我的认识从人类起源之初便开始形成，历代哲学家从未停下探求它的脚步，但和人与外界的联系不同，它很少有固定的规律，这也使得这一命题古老而又深刻。

认识自己是一种最高的智慧。“知人者智，自知者明”，由了解他人到了解自己的过程，是由“智”到“明”的过程。智，是头脑之智。明，是心灵之明。智者仅停留于对他人的认识，知外不知内，明者则知己知人，内外皆明。智是由物理世界的线索达到的理解和认识，具有局限性和主观片面性；明是对万物运行之道和本质的认识，具有统一的思想和客观全面性。因此只有自知之人，才是真正的觉悟者。

从现实意义来看，人之所以要认识自我，原因有二：其一，清晰的自我认识帮助人取得进步和成长；其二，自我认识能帮助人对自己的人生有总体的规划。第一点很好理解，自我认识包括对自身的全面审视，了解自己有何不足，哪里存在进步的空间。“君子博学而日参省乎己”，这样才能“知明则行无过”，实现知识的丰富和人格的发展，而这便是普遍意义的成长。至于自我认识之于人生的意义，在于它能够帮助人找到自己的定位，从而对其一生有所规划、有所展望。“每个人在自身中都载负着一种具有创造力的独特性，以作为他的生存的核心”，正如周国平的《成为你自己》中所说，珍惜这个独特的自我，把它实现出来，是每个人的人生使命。正因为每个人不同于他人的独特性，人们的追求不尽相同，各有各实现人生价值的方式，所能达到的高度也有所差异。认识自我，便是明确自己想要什么，并对自己能达成的目标有一个大致的预判，量力而行、做最适合自己的事，不至于一生劳苦奔波却最终碌碌无为，也不至于得过且过、肆意挥霍光阴，将一生过得毫无意义。

因此，我们说人需要对自我有所认识。

那么，认识自我的什么？著名哲学家柏拉图就此提出了以下三个问题：我是谁？我从哪里来？我要到哪里去？每个人的生命进程，本质上都是对这三个问题的回答不断变化的过程。人们想解决它，却发现它似乎没有一个确定的答案。由于个体间的独特性，以及时间与空间的差异性，没有人能成为你的先例，现在的你不是从前的你，未来的你也不会是现在的你。

对这三个问题的回答，以其不断变化的特性，某种意义上代表了人在不同时期的不同状态。“我是谁”对应“现在的我是什么样的人”，“我从哪里来”是说“过去的经历让我拥有了什么”，而“我要到哪里去”则是指“我未来想要成为什么样子”，这是人在对自我的认识中需要囊括的。

“我未来想要成为什么样子”是最根本也最难下定论的。只有当明确了未来的追求，人才有了努力的方向，也才有了生活。要知道，生命中大部分日子都是平淡无奇甚至枯燥乏味的，成功的喜悦往往是稍纵即逝，失败才是人生的主旋律，生命在这种意义上蒙上了悲剧的色彩。然而，总有种力量支持人在这幕悲剧中继续扮演自己的角色，即人的理想追求。在黯淡无光、日复一日的时光里，它们给予人生存下去的动力，纵然任重道远，人们也愿意为之付诸努力。人于是有了超越物质的需要，生命成为生活。这种追求代表一个人想要实现的价值，反映了人的人生观和价值取向。然而其复杂性便在于人的“观”是随着成长的过程而不断改变的，不同时期，人们所追求的往往也不同。“向之所欣，俯仰之间，已为陈迹”，曾经看重的，也许不过多久便不屑一顾。由此，“我要到哪里去”的问题应该是被人不断思考且放在首位的。

“过去的经历让我拥有了什么”是对自身条件的客观认识，学识、阅历、技能或特殊的经历都可以归于其中。人用它武装自己，向当下和未来发起一次次的挑战。人也正是在这样一次次的尝试中获得历练和成长。

“现在的我是什么样的人”是人对自身现状的思考。“吾日三省吾身：为人谋而不忠乎？与朋友交而不信乎？传不习乎?”对自己行为的不断反思，是分析自身优势和存在问题的过程。这是客观的自我审视，让人认清自己的位置，避免盲目的骄纵和过度的自卑。

总的来说，人应先确立自身追求，再在对自己现今生活状态的认识过程中明确自身定位，并结合“拥有什么”，对目标进行不断调整，才会越发趋近属于自己的独特人生价值。

然而，现实中很少有人能做到这一点，事实上，大多数人是倾向于逃避自我的，他们很难认清自己的定位，于是也很少能明确自身的价值和追求。其实要对他们讲生命的可贵、人的与众不同，他们都从心底里认可，可就是不能应用到自己身上。为什么呢?

这是因为人们不愿意承认自己的平庸，总以为自己在某方面有超乎常人的能力，于是会不自觉地“推广”，进而以为自己在方方面面都应该胜过别人。这是“求胜欲”的来源——人们在一次次与他人的比较中取胜从而获得满足，这种满足反过来促使人们设法去取得更多的胜利。

人有所长，此话不假，但所长有限，不会是全方位的。完整的句子应该是“人皆有所长”，每个人都有胜过他人的领域，超乎常人，辩证地看，每个人也就都会有不如他人之处，近乎常人。况且，近乎常人的部分是绝大多数，非凡的能力只是少之又少。然而人们恰恰忽视了这一点，这就造成了人们总沾沾自喜，不能正视自身缺点和不足，于是不能认识到自己本质上平庸的那部分。

亦如悲剧是生命的主旋律，平凡也是如此。承认自己的平庸，低下高贵的头颅，才能看到自己并非踩在巨人的肩膀上，而是坐在自己的树梢上，与无数人一起，竞相生长，瞭望远方。

（2019 级　赵以卓）

清欲归情，解时代迷思

当今时代，物质发展极大满足了人们的生活，但是一些人在狂热的兴奋后，总只剩下孤独、寂寞与迷茫。其实，在这个时代，一些人看似“实”，实际“空”，他们的心已经被欲望填实，缺少真正珍贵的、高尚的情思，缺乏持久的、积极的心态。

对于心，一些人总是会错误地把“心之欲”与“心之情”杂糅混淆，这也正是社会中部分人迷茫的根源。面对不同的心，我们要区别对待，从而达到“清空”欲望、以有价值的情思填充“空心”的境界。

“欲”，也就是所谓的“杂念”，应当“清空”。或许有人说追求“欲”可以对人形成激励作用。但实际上，这是将“欲”与“情”混淆了。“一切向钱看”，天下钱财何其多，被财欲控制，会不择手段掠夺，最终失去底线；“欲使才见于天下”，于是遇炙手可热之人便阿谀奉承、趋炎附势，遭遇一次失败就恐众人耻笑，心态崩溃……向外部追求价值的欲望让一些人在此消磨了青春，消磨了梦想，消磨了初心。

所以，我们当今社会迫切需要清空欲望，用“情”去填充自己的心。“情”字何意？“真善美”是也。向真，则直面欲望不自欺，远奸小、虚伪；向善，立志行仁，推己及人；向美，则日月星辰行于目，艺术音画萦于心，格局开阔，丰富充实。情之所在，心之所向，人将更加趋于平和，处处满足快乐，自然立于良境，有余力、有梦想、有希望走向新世界。音乐绘画、大千世界、人性之美……清空心之欲，回归心之情，收获一份平和喜乐。

千百年来，先贤对此不断探索，从老庄顺天道、孔孟求仁心，到“竹林七贤”求快意，皆是苦“欲造空心”，求“真情实心”。在经济高速发展的今天，我们更要沉下来与他们共振，清欲归以解迷思。

（2020 级　郭铭欣）

【结语】

人，如何消化外在和内在的风暴，为自己拓展一方可以安身立命的诗意居所？人，如何成为生命的主体，为生命注入意义？只有心中拥有一个世界，才能真正面对一个世界，守住自己的心灵之光，超越世俗的拘束，获得自由的精神境域；坚守真实的自我，守住生命的热情；拓展生命的深度与广度，走向丰富、充盈、绚丽、深刻的自我。